Socia

MW00893925

MIKOS TARSIS

ESEGETI DI MARX

Mio marito sta in biblioteca dove ammazza il tempo.

Jenny Marx

(Lettera a F. Engels del 25 gennaio 1851)

Nato a Milano nel 1954, laureatosi a Bologna in Filosofia nel 1977, già docente di storia e filosofia, Mikos Tarsis (alias di Enrico Galavotti) si è interessato per tutta la vita a due principali argomenti: Umanesimo Laico e Socialismo Democratico, che ha trattato in homolaicus.com e che ora sta trattando in quartaricerca.it e in socialismo.info.
Ha già pubblicato *Pescatori di favole. Le mistificazioni nel vangelo di Marco*, ed. Limina Mentis; *Contro Luca. Moralismo e opportunismo nel terzo vangelo*, ed. Amazon.it; *Protagonisti dell'esegesi laica*, ed. Amazon.it; *Metodologia dell'esegesi laica*, ed. Amazon.it; *Amo Giovanni*, ed. Bibliotheka.
Per contattarlo info@homolaicus.com o info@quartaricerca.it o info@socialismo.info

Introduzione

Questo libro, invece di cento pagine, avrebbe potuto contenerne duemila, e non sarebbero state sufficienti. Non c'è nessun autore su cui si sia scritto di più (forse Gesù Cristo). Alla faccia di coloro che lo considerano nettamente superato.

Marx era un mostro d'intelligenza, e non solo rispetto ai suoi tempi. Chi non gliel'ha riconosciuta, non merita neppure d'essere preso in esame. Ma anche chi si è limitato a riprodurne le idee, non può essere oggetto d'analisi in questo libro.

Abbiamo già quindi fatto una certa selezione. In mezzo a tutti gli altri, che si fingono "marxisti", ve n'è una pletora che l'ha criticato per tutelare gli interessi del capitale. Anche questi però vanno scartati, perché, nonostante il capitalismo domini incontrastato, sul piano teorico è già morto, non avendo più alcuna legittimità. Il capitalismo non può più essere considerato un sistema universalmente valido. Le devastazioni che ha procurato, da quando è nato, stanno lì a dimostrarlo, e chi pensa di poterle negare, è soltanto in malafede.

Dunque chi resta di "meritevole" tra i critici di Marx? Ne restano ancora molti, ma per poterli leggere tutti ci vorrebbero due vite. E noi non siamo come Marx, che, stando a sua moglie, se ne stava tutto il giorno "ad ammazzare il tempo", inchiodato a una poltrona del British Museum, invece di mantenere la famiglia e la numerosa prole.

La scelta degli esegeti è stata puramente casuale. Si compra un libro più o meno per caso, si trova per caso qualcosa d'interessante e, se viene la voglia, ci si fa un commento sopra.

Ma che cosa intendiamo con la parola "interessante"? Noi intendiamo una cosa sola: è possibile criticare Marx dal punto di vista della *preistoria*? Cioè di una qualunque *comunità autogestita* che fa del *valore d'uso* il suo fondamentale criterio di vita?

Gli esegeti di Marx commentati in questo libro sono stati scelti perché scrivono qualcosa che nega questa possibilità, oppure perché in qualche maniera la problematizzano. Nella Conclusione s'è cercato di spiegare in che modo il socialismo scientifico inaugurato da Marx può essere superato da una civiltà basata sull'*autoconsumo*.

Isaak Rubin e il feticismo delle merci

Isaak Rubin[1], nel 1928, disse che "la teoria del feticismo della merce di Marx non è mai stata valutata adeguatamente nell'ambito dell'economia marxista".[2] Ebbene, da allora non sono stati fatti molti progressi. Il motivo è semplice: è impossibile formulare un'ipotesi alternativa al sistema capitalistico senza recuperare il meglio della società agricola feudale.

Marx si rese conto che un valore di scambio staccato dal suo valore d'uso è il sintomo di una società divisa in classi antagonistiche. E si rese anche conto che se avesse puntato la sua attenzione sul recupero, *mutatis mutandis*, del valore d'uso, non sarebbe uscito dall'*empasse* in cui era finito il socialismo utopistico, il quale s'illudeva di poter conservare, nel *particolare*, il valore d'uso, mentre a livello di società *generale* dominava quello di scambio.

Tuttavia, piuttosto che uscire dall'ambito dell'economia politica ed entrare in quello dell'organizzazione politico-rivoluzionaria del passaggio al socialismo, Marx, dopo il 1848, ha preferito analizzare in profondità i meccanismi del valore di scambio e le sue interne contraddizioni. Questa scelta di campo lo ha portato a credere, da un lato, che nel sistema capitalistico esistono delle leggi obiettive che lo destinano al crollo (cosa insostenibile sul piano logico e che non si è verificata storicamente); e, dall'altro, che, in ultima istanza, il valore di scambio non deve sottostare a quello d'uso, ma solo a una programmazione razionale di tutte le risorse, resa possibile dalla socializzazione dei mezzi produttivi.

Il feticismo delle merci, in tal senso, è sì una conseguenza del primato del valore di scambio, ma se questo primato esistesse in una società socialista - sembra dire Marx - non si avrebbe alcun feticismo. A riprova di ciò si deve sottolineare che quando Marx parla di feticismo delle merci, i protagonisti in gioco sono sempre dei produttori privati indipendenti, i quali sono, a loro volta, reciprocamente consumatori del prodotto altrui. Il feticismo è sì una conseguenza dell'indipendenza dei produttori privati, ma in ciò Marx non considera la contemporanea espropriazione del produttore diretto dalla proprietà dei mezzi produttivi. Questo aspetto

---

[1] Considerato il più importante teorico del suo tempo nel campo marxista della teoria del valore, fu giustiziato durante le purghe staliniane nel 1937.

[2] Testo di riferimento (l'originale è del 1928): *Saggi sulla teoria del valore di Marx*, ed. Feltrinelli, Milano 1976, p. 5. La numerazione delle pagine, anche quando il soggetto del discorso è lo stesso Marx, si riferisce a questo libro.

verrà da lui analizzato solo in un secondo momento.

Il primato del valore di scambio, in sostanza, va superato semplicemente perché esso presuppone un tipo di rapporto sociale alienato (che trova un riflesso nel feticismo); non va superato - secondo Marx - recuperando, senza il servaggio, il *primato del valore d'uso* della società agricola feudale. Marx era così contrario a questa società che preferì piuttosto pensare a un socialismo quale ripetizione "socializzata" del modo di vivere "individualistico" di Robinson.

L'economista sovietico Rubin era convinto che il capitolo sulla merce non lo si poteva comprendere se prima non si leggeva l'ultimo paragrafo dedicato al feticismo. Solo in questo paragrafo infatti si elabora una soluzione alternativa al capitalismo. Tuttavia Rubin non capì che Marx non poté elaborare un'alternativa al valore di scambio proprio perché rifiutava il *primato del valore d'uso*. Il capitolo sul feticismo, in tal senso, offre un'alternativa al capitalismo, ma, conservando i pregiudizi nei confronti del mondo contadino, finisce anche coll'aprire le porte alla trasformazione del feticismo da economico a politico-ideologico.

La possibilità di conservare il primato del valore di scambio in una società socialista, in virtù della pianificazione generale (statale) di tutte le risorse, può dipendere, in effetti, soltanto dal *consenso* che le masse manifestano nei confronti di un ideale politico. In tal modo però si finisce col sostituire al feticismo delle merci quello del "piano", voluto dalle istituzioni statali.

*

"Il carattere mistico della merce [ovvero la sua natura "sensibilmente soprasensibile"] - dice Marx - non deriva dal suo valore d'uso" (p. 70). Finché una merce soddisfa dei bisogni umani (o è semplicemente il prodotto di un lavoro umano), non c'è nessun mistero da svelare.

L'enigma "non deriva neanche dal contenuto delle determinazioni di valore" (ib.), cioè "sostanza" e "grandezza" di valore, poiché da sempre gli uomini si sono preoccupati di distinguere la *quantità* di lavoro occorsa per produrre una merce dalla sua *qualità*.

Il prodotto di lavoro diventa "una cosa intricatissima" quando assume "*forma di merce*". Per quale ragione? "Il segreto della forma di una merce - spiega Marx - sta nel fatto che tale forma ridà agli uomini [dopo avergliela tolta], come uno specchio, l'immagine delle caratteristiche sociali del loro proprio lavoro, come proprietà sociali naturali di quelle cose [cioè nascondendo il lato antagonistico, "innaturale", di quelle proprietà: quel lato che l'economia politica classica non è mai riuscita a individuare], e perciò ridà anche l'immagine del rapporto sociale tra produttori e lavoro complessivo, facendolo sembrare come un rapporto sociale tra oggetti che esiste al di fuori dei produttori", al quale essi sono soggetti (p. 71). Nell'economia mercantile è "il processo di produzione che regola gli uomini" (p. 82).

Ma perché avviene questo "qui pro quo"? Perché da un lato i produttori eseguono dei lavori privati "gli uni indipendentemente dagli altri" (p. 72); dall'altro "solo tramite lo scambio dei prodotti del loro lavoro stabiliscono un contatto sociale" (ib.). In altre parole, le *relazioni sociali* dei loro lavori privati non sono "rapporti direttamente sociali tra persone nei loro stessi lavori, ma *rapporti di cose* tra persone e *rapporti sociali tra cose*" (ib.).

Là dove gli uomini credono di avere, tra loro, un rapporto *sociale*, in realtà hanno solo un rapporto "reificato", nel senso che il rapporto sociale è mediato anzitutto dalla compravendita di una merce; viceversa, là dove credono di avere un rapporto *naturale* con le cose, in realtà hanno un rapporto "artificiale", poiché le merci, in un certo senso, si "personificano", permettendo agli uomini d'incontrarsi solo in una determinata maniera: quella fra produttore e consumatore. Questo tipo di relazione, essendo l'unico dominante a livello sociale, è in grado d'influenzare ogni aspetto della vita pubblica e privata, sociale e personale, anche gli aspetti non direttamente legati al luogo fisico del mercato o del negozio.

In sintesi dunque la merce nasce da un rapporto sociale alienato ed essa stessa, a sua volta, riproduce questo rapporto. La merce esiste anzitutto non per l'uso ma per essere venduta e comprata, esiste non per le sue intrinseche *qualità*, che aiutano a rendere migliore l'esistenza, ma per la *quantità* di denaro che permette di guadagnare. Essa domina incontrastata, nella società mercantile, non solo perché è frutto di una separazione tra produttore e proprietà dei mezzi lavorativi, ma anche perché il consumatore s'illude, comprandola, d'aver acquistato un bene utile, indispensabile.

Il rapporto sociale che trasforma un oggetto d'uso in merce è già di per sé un rapporto alienato, diviso, antagonistico. La merce è un modo per giustificare la propria alienazione. L'illusione del produttore alienato è quella di superare la propria alienazione nella misura in cui produce quante più merci può. L'illusione sta nel credere che un processo meramente economico e quantitativo possa superare una forma di alienazione sociale di tipo *qualitativo* (cioè *ontologica*).

Marx constata che questa illusione si verifica anche nel mondo religioso, allorché "i prodotti della mente umana [ad es. gli dèi] sembrano essere dotati di una propria vita" (p. 71). La merce dà l'illusione di un rapporto sociale diretto tra gli uomini, così come i sacramenti danno l'illusione di un rapporto mistico, non meno diretto, tra gli uomini e la divinità. Essendo i rapporti sociali della borghesia basati sull'antagonismo di classe (in una maniera ancora più accentuata che nel Medioevo, poiché ora l'accumulazione e il profitto non conoscono limiti naturali), l'alienazione viene semplicemente trasferita dal rapporto dell'uomo col "cielo" al suo rapporto con la "terra". La borghesia non ha fatto che secolarizzare una mentalità e un comportamento che nel Medioevo erano religiosi.

Tuttavia Marx non arriva a concludere che il feticismo delle merci sia la *conseguenza* di un certo modo di vivere l'ideologia religiosa. Nella sua analisi, al massimo, i due "feticismi" procedono parallelamente, influenzandosi a vicenda, ma la *ragione ultima* di quello religioso sta sempre in quello economico. È il cristianesimo che "corrisponde" al capitalismo. A tale proposito viene detto in una nota a p. 85: "il Medioevo non poteva *vivere* del cattolicesimo, e il mondo antico non poteva *vivere* della politica. Al contrario, la maniera di guadagnare la vita rende chiaro perché la parte più importante era rappresentata là dalla politica, qua dal cattolicesimo". Col che Marx considera la *sovrastruttura* in un rapporto *solo passivo*, di mero rispecchiamento, rispetto alla *struttura* correlata, e si è lasciato così sfuggire l'occasione di conoscere il modo come questa sia influenzata da quella.

D'altra parte Marx non va a cercare il motivo del feticismo nella sfera dell'*ideologia* ma in quella dell'*economia*: "gli uomini equiparano gli uni con gli altri i loro diversi lavori come lavoro umano, equiparando nello scambio *gli uni con gli altri, come valori*, i loro eterogenei *prodotti*. Ignorano di fare questo, ma lo fanno" (p. 73).

Detto altrimenti: il feticismo dipende dal fatto che l'uguaglianza dei lavori e quindi dei produttori viene fatta risalire, *magicamente*, all'uguaglianza delle merci sul mercato. E tale uguaglianza, a sua volta, parte dal presupposto che i lavori tra loro siano socialmente uguali, in quanto tutti riconducibili all'*astratto lavoro umano* (quello che l'economia classica non riuscì a capire).

L'illusione quindi si pone a un duplice livello: da un lato si deduce l'uguaglianza sociale dall'equivalenza delle merci sul mercato; dall'altro si deduce che l'indipendenza dei produttori privati, ovvero la loro uguaglianza, possa riflettersi nell'equivalenza delle merci. La "socializzazione" del lavoro non si verifica "a monte", cioè sul luogo produttivo, che resta individuale, ma "a valle", cioè sul mercato, e si verifica solo in rapporto alla compravendita delle merci.

Nel capitalismo l'oggettività di valore socialmente uguale dei prodotti avviene solo nello *scambio*, senza che vi sia necessità - come nel valore d'uso - di paragonare, fra loro, tempo di lavoro, dispendio d'energia psico-fisica e senso sociale dell'uso. Una cosa ha valore non perché anzitutto *serve* alla propria "sussistenza", ma se è *scambiabile* con altre cose, cioè se può essere acquistata sul mercato, se di essa esiste un equivalente in denaro. Gli altri significati della merce sono conseguenti a questo.

L'uguaglianza dei produttori - come si può notare - non è di tipo *sociale* ma *giuridico*. Il produttore "finge" di sentirsi uguale al consumatore, il proprietario dei mezzi produttivi "finge" di sentirsi uguale al lavoratore, semplicemente per indurlo ad acquistare sul mercato ciò che permette a tale uguaglianza formale di riprodursi. Nel momento in cui "acquista", il consumatore, cioè il lavoratore senza proprietà, avverte, per un attimo, che la merce lo rende uguale al produttore: è questa l'illusione dell'uguaglianza sociale che crea il feticismo delle merci.

Naturalmente sarebbe impossibile per un produttore realizzare ingenti profitti senza dimostrare che la merce serve a qualcosa. Il problema tuttavia è un altro. Se il produttore ha la facoltà d'imporsi sul mercato, egli ha anche la capacità d'indurre il consumatore a considerare "utile" (anche se veramente utile non è) una determinata merce. Il valore d'uso infatti non è più determinato da un rapporto sociale a misura d'uomo, in cui i soggetti si controllano a vicenda e sanno in anticipo quello di cui hanno bisogno, ma dalla disgregazione di questo rapporto.

Pertanto il vero valore d'uso, sotto il capitalismo, non esiste più, né potrebbe esistere, essendo tutto assorbito nel valore di scambio. Un valore d'uso (minimo) può esistere quando il capitalismo è emergente, quando esso cioè ha bisogno di spazzare via le forme sociali pre-capitalistiche con la forza qualitativa e quantitativa delle proprie merci. Ma appena il capitalismo s'è imposto su queste forme il valore d'uso tenderà progressivamente a scemare: le merci saranno sempre meno valide sul piano qualitativo, proprio perché l'esigenza sarà quella di venderne il più possibile. La qualità sussiste quando permane la concorrenza tra i monopoli di uno stesso settore, ma anche qui intervengono facilmente altri fattori (tecnologici soprattutto) per rendere precaria la qualità dei prodotti. Le merci non sono fatte per durare ma per deperire ed essere riacquistate.

Dunque un oggetto è utile nella misura in cui è scambiabile contro il denaro, vendibile sul mercato. In teoria è il mercato che stabilisce se una cosa è utile o no. In pratica sono i capitalisti che si servono del mercato solo come un indicatore di massima e che ritengono di poterlo strumentalizzare come meglio credono (ad es. attraverso la pubblicità). L'utilità è un sofisma, un pretesto per accumulare profitti e capitali privatamente. Nel mercato infatti non agiscono persone socialmente equivalenti, ma produttori di merci e meri consumatori. Se la produzione resta in mano a singoli privati, e non è soggetta al controllo popolare della comunità locale, i consumatori non potranno che subire forti pressioni pubblicitarie, insopportabili atteggiamenti ricattatori e discriminanti da parte di chi dispone del potere economico e politico.

Nello scambio si ha solo l'illusione dell'equivalenza dei lavori, delle merci, dei soggetti che vendono e comprano. Il capitalismo ha preteso di eguagliare tutto allo scopo di subordinare la qualità alla quantità, la diversità all'uniformità, l'utilità all'effimero... I rapporti sociali borghesi sono, in definitiva, dei rapporti matematici fra grandezze ritenute, a torto, omogenee.

Il borghese non vuole determinare il valore di un oggetto sulla base delle caratteristiche del rapporto sociale ch'egli ha rigettato. Egli vuole realizzare sul mercato l'equivalenza delle merci per togliere al lavoro pre-borghese la sua pretesa alternatività. Ma così facendo, non si riesce più a determinare un valore *oggettivo* delle cose, un valore cioè basato su fattori o elementi oggettivi (come il tempo di lavoro, il dispendio di energie psico-fisiche, il senso sociale dell'uso). Le merci mutano continuamente di valore nel mercato, sfuggendo al controllo non solo dei consumatori ma degli stessi produttori. Un capo firmato, equivalente, nella sostanza, a un altro non firmato, costa dieci volte di più. Un capo firmato, acquistato l'anno dopo in cui è stato prodotto, costa cinque volte di meno. Un prodotto reclamizzato costa sempre di più di un prodotto equivalente, o anche superiore, non reclamizzato.

Ovviamente Marx, nel momento in cui scriveva il *Capitale*, non poteva ancora sapere che il monopolio tende a superare i limiti della concorrenza, anche se aveva intuito che la concorrenza era destinata a essere superata. Egli in realtà avrebbe voluto che dalla intrinseca contraddizione della concorrenza si sviluppasse la coscienza proletaria della necessità di una rivoluzione politica. Invece nascerà la coscienza borghese della necessità del monopolio (cui lo stesso *Capitale*, indirettamente, contribuirà), cioè la necessità di sottomettere la concorrenza a delle regole di mercato. Come noto, questo monopolio, dopo la seconda guerra mondiale, si avvarrà anche del sostegno statale. Oggi infatti si parla di capitalismo monopolistico di Stato.

*

In ogni caso questo modo d'impostare l'attività produttiva è tipico solo della società capitalistica, non essendo riscontrabile in alcun'altra formazione sociale, poiché, anche se altre società hanno conosciuto la

11

trasformazione del prodotto in merce, mai però l'hanno considerato come parte fondamentale della vita sociale: il rapporto di schiavitù o di servaggio (cioè di dipendenza personale) era sicuramente più importante di qualunque altro prodotto naturale o manufatto.

A tale proposito Marx delinea, per sommi capi, le caratteristiche di altre tre formazioni: *primitiva* e *medievale*, relativamente al passato, e *socialista*, relativamente al futuro.

Sulla formazione sociale primitiva - che qui Marx s'immagina sulla scia dell'esperienza romanzata di Robinson Crusoe - il giudizio pare essere favorevole: "tutti i rapporti tra Robinson e gli oggetti che formano la ricchezza da lui stesso creata sono qui semplici e chiari... vi sono racchiuse tutte le fondamentali determinazioni del *valore*" (p. 77).

Sembrerebbe che Marx continui qui a considerare l'individualismo del modo di produzione primitivo col metro di misura della società borghese, ripetendo, in pratica, l'errore di Rousseau, se non si fosse smentiti da una nota acclusa nella seconda edizione del *Capitale*, che riporterà un passo di *Per la critica dell'economia politica*, ove Marx dirà che "la forma della proprietà comune [naturale e spontanea] è la forma originaria" dalla cui dissoluzione sono nate le diverse forme di proprietà privata.

Esiste tuttavia un paradosso. Fintantoché si tratta di parlare dell'*individuo singolo* (alla Robinson) - in riferimento al comunismo primitivo -, Marx ha sempre parole di apprezzamento. Allorché invece sono in gioco "organismi sociali di produzione", il giudizio si fa più critico, non tanto in rapporto a una presunta superiorità del sistema capitalistico, ché, anzi, quegli organismi - dice Marx - "sono di gran lunga più semplici e più chiari" (p. 80), appunto come dovrebbero essere i rapporti in cui l'uomo *controlla* la produzione, quanto piuttosto in rapporto alla futura società socialista, che, nella mente di Marx, dovrà essere qualcosa di assolutamente inedito sul piano storico.

Quegli "antichi organismi sociali di produzione", infatti, si basavano "o sull'immaturità dell'uomo individuale, che ancora non ha staccato da sé il cordone ombelicale del legame naturale di specie con altri uomini" [per cui "Robinson" rappresenta l'unica vera alternativa al comunismo primitivo], oppure si basavano "su diretti rapporti tra dispotismo e schiavitù" (ib.), come appunto nello schiavismo o nel feudalesimo, la diversità dei quali, per Marx, è alquanto relativa.

In sostanza, avendo attribuito un'eccessiva importanza al ruolo dell'economia, ai fini dell'emancipazione umana, Marx si sente qui indotto ad affermare che il comunismo primitivo - che per il momento egli ancora non distingue dal modo di produzione asiatico - era arretrato a causa del "basso livello di sviluppo delle forze produttive del lavoro" (ib.); ciò che - secondo Marx - rendeva i rapporti sociali e naturali "primitivi e chiusi nei limiti del processo materiale di generazione della vita" (ib.). Al punto che l'uomo primitivo, non molto diverso dall'animale, cominciò a definirsi come "uomo", per Marx, nel momento stesso in cui sviluppò la sua *individualità*.

Nelle *Forme economiche precapitalistiche* verrà detto che nella comunità primitiva c'era sì "trasparenza", ma solo in quanto "ingenuamente" si credeva che certi rapporti di parentela e certe forme di organizzazione sociale fossero di origine "naturale" o addirittura "divina", e non inerenti a un modo particolare di produzione.

Per quanto riguarda il "tetro" Medioevo, il giudizio è più severo che nei confronti di Robinson. "Qui, al posto dell'uomo indipendente, vediamo che tutti sono dipendenti" (p. 77). Ciononostante Marx riconosce al feudalesimo l'impossibilità di creare il fenomeno del feticismo delle merci, in quanto "lavori e prodotti non debbono prendere una fantasiosa figurazione diversa dalla loro realtà: si riducono nel meccanismo sociale a servizi e prestazioni in natura" (ib.).

In effetti, nel feudalesimo l'alienazione non era avvertita nelle cose che si usavano (per quanto la rendita feudale costituisse, per il contadino, una continua fonte di espropriazione). L'alienazione era dovuta al fatto che l'ideologia dominante permetteva di credere possibile il benessere solo "nel regno dei cieli". A parte questo però, la contraddizione del servaggio - lo stesso Marx lo lascia qui intendere, forse anche senza volerlo - risultava meno ipocrita a confronto di quella del lavoro salariato. Non c'era l'illusione della "libertà personale".

Purtroppo Marx ha sempre escluso il carattere di "vera socialità" nell'ambito produttivo medievale. Il produttore borghese - nell'analisi del *Capitale* - ha interesse a emanciparsi non tanto dalla vita *sociale* del mondo agricolo, quanto piuttosto dalla *dipendenza personale* dei rapporti sociali. Nella società feudale non esiste - secondo Marx - forma "sociale" del lavoro, ma solo forma "naturale". Il lavoro quindi non può essere "generalizzato", come nell'economia mercantile, e i suoi prodotti hanno solo un valore d'uso.

I diversi lavori che danno origine ai prodotti dell'agricoltura, dell'allevamento, della filatura ecc. al massimo sono "funzioni sociali" di una famiglia patriarcale, al cui interno si ha una divisione del lavoro naturale e spontanea, basata ad es. sulle differenze di sesso e di età. Marx non vede la *comunità di villaggio* al di là della singola famiglia patriarcale.

Poste le cose in questi termini, uno storico non sarebbe assolutamente in grado di spiegare la presenza del feticismo religioso nella società feudale. E sarebbe altresì costretto ad ammettere che lo sfruttamento del lavoro era nel Medioevo accettato come un fenomeno "naturale". Per Marx, infatti, la società feudale era statica, e i soggetti delle semplici "maschere" che recitavano la loro parte (tradizionale) in un "teatro". Egli non trae nessuna conseguenza rilevante dalla considerazione, pur giusta, che "i rapporti sociali tra le persone nei loro lavori si manifestano comunque [nel Medioevo] come loro rapporti personali" (p. 78).

Ecco perché Marx non è riuscito a cogliere l'importanza del fatto che nello scambio sul mercato il contadino non aveva la pretesa di realizzare un rapporto sociale che ovviasse all'alienazione della vita lavorativa. Lo scambio era una conseguenza naturale del lavoro agricolo (non particolarmente significativa ai fini dell'attività produttiva e comunque non obbligata). Nel contadino la "realizzazione di sé" non dipendeva dallo scambio. Egli non aveva la pretesa (o l'illusione) di poter realizzare nell'ambito del mercato quanto non riusciva a vivere nel lavoro agricolo.

Questa pretesa, semmai, l'aveva il borghese, che in un certo senso rappresenta l'alienazione del contadino che vuol trovare non nella lotta di classe, ma in un'attività economica redditizia (priva di eticità) una forma di compensazione individuale. Già la separazione professionale dell'artigiano dal contadino rifletteva questa forma di *revanche* individuale. L'artigiano nasce come colui che in nome della specializzazione di una mansione tradizionale ritiene di potersi emancipare economicamente da quella professionalità onnilaterale o polivalente del contadino che non garantiva un tenore di vita sufficientemente agiato. Tuttavia, tale emancipazione non comportò affatto la transizione al capitalismo, poiché la realtà sociale dominante continuava a restare quella della comunità agricola autarchica.

Se non ci fosse stato il servaggio, la forma naturale del lavoro nel Medioevo sarebbe stata una forma sociale *libera*, molto più libera di qualunque altra formazione sociale. L'uomo, il lavoratore, il cittadino si sarebbe sentito valorizzato per il lavoro che faceva, senza aver bisogno di ritagliarsi uno spazio di tempo per sé, lottando con tutte le sue forze per sentirsi emancipato.

*

L'ultima formazione sociale che Marx descrive, supponendola, è quella *socialista*, ovvero "un'associazione di uomini liberi [non individualisti né forzatamente dipendenti] che lavorino con mezzi di produzione comuni e che impieghino con coscienza le loro molte forze lavorative

14

individuali come *un'unica* forza lavorativa sociale. Qui si ripetono tutte le particolarità del lavoro di Robinson, però *socialmente* invece che *individualmente*" (p. 79).

Marx non s'accorge d'ipotizzare una cosa che prima della nascita dello schiavismo, era *sempre esistita*. Egli è convinto di aver trovato, per la prima volta, il *passepartout* per superare l'ostacolo dell'individualismo borghese, senza dover ricadere nel collettivismo forzato del Medioevo. Ed è convinto di questo semplicemente perché non sa di aver guardato le formazioni sociali pre-capitalistiche con un pregiudizio che gli derivava dall'ideologia individualistica borghese.

Occorre senza dubbio riconoscere a Marx lo sforzo di aver voluto superare ad ogni costo tale ideologia, proponendo come alternativa l'idea di un *collettivismo libero*, in cui la distribuzione del tempo di lavoro, "fatta socialmente secondo un programma, regola l'esatta proporzione delle diverse funzioni lavorative con i diversi bisogni" (ib.).

Tuttavia anche su questo aspetto c'è qualcosa che non convince. L'idea che "il tempo di lavoro sia preso contemporaneamente come misura della partecipazione individuale del produttore al lavoro comune, e perciò anche alla porzione del prodotto comune che può essere consumata individualmente" (ib.) - è un'idea che potrebbe essere accettata solo in una fase molto transitoria.

In effetti, il tempo di lavoro, in una comunità socialista, non può più essere misurato sulla base delle capacità produttive del singolo, altrimenti si finirà col privilegiare, nella distribuzione dei prodotti, quelli che saranno stati dotati dalla natura di maggiori capacità psico-fisiche o intellettuali.

In realtà, ciò che più deve contare, in una comunità socialista, è la ricerca del *benessere collettivo*, che non significa anzitutto l'uguaglianza delle condizioni sociali, quanto che nella ricerca del benessere individuale *tutti* abbiano la *possibilità* di raggiungere il proprio. Se s'impone a priori l'uguaglianza sociale, si mortifica la libertà della ricerca individuale, ma se si vuole premiare questa libertà, senza tener conto delle difficoltà altrui, si finirà col distruggere l'idea stessa di una uguaglianza nella diversità.

Usare il tempo di lavoro individuale per decidere la distribuzione dei prodotti non è quindi un criterio particolarmente democratico per garantire il benessere di tutta la collettività. Gli uomini devono poter rinunciare spontaneamente a una parte dei loro prodotti, se questo può servire a salvaguardare un interesse collettivo. Naturalmente questo è possibile solo all'interno di una comunità i cui componenti si conoscano gli uni gli altri (e si riconoscono come reciprocamente indispensabili), e i risultati dei sacrifici siano tangibili nel breve periodo.

Il motivo per cui l'economia politica classica non era riuscita a comprendere la duplicità del lavoro dipendeva anche dal fatto che per la borghesia l'indipendenza dei produttori privati garantiva un'uguaglianza sociale reale, valida per tutti. Essa non avrebbe mai accettato l'idea che tale uguaglianza si fondava, in realtà, sullo sfruttamento di chi non possedeva mezzi produttivi. Anzi, essa era convinta che proprio quella forma di uguaglianza avrebbe permesso anche all'operaio salariato di diventare un proprietario.

Marx, in tal senso, non ha fatto altro che dimostrare il carattere assolutamente "formale" dell'uguaglianza borghese, che si pone anzitutto non a un livello *sociale* ma a un livello *giuridico*. L'uguaglianza giuridica non è un riflesso di quella sociale ma la sua negazione. La proprietà privata infatti può garantire la libertà sociale solo se è di *tutti*. Se non si parte da questo presupposto - che va realizzato praticamente - si finisce per concentrare la proprietà nelle mani di poche persone.

Marx ha detto che l'economia classica operava sì una distinzione tra valore d'uso e valore di scambio, ma solo perché nel primo caso considerava il lavoro dal punto di vista qualitativo e nel secondo dal punto di vista quantitativo. Essa cioè "non teneva presente che la *distinzione* dei lavori semplicemente *quantitativa* presuppone la loro *unità qualitativa*, cioè la loro uguaglianza, e quindi la loro riduzione ad *astratto lavoro umano*" (nota a p. 81).

Naturalmente se la borghesia fosse arrivata ad accettare l'idea di un *astratto lavoro umano*, avrebbe dovuto negarsi come classe che sfrutta il lavoro altrui. Se è vero infatti - come dice Marx - che "*l'uguaglianza di lavori del tutto diversi* può esistere solo quando *non si tenga conto della loro effettiva disuguaglianza*" (p. 72), è anche vero che tale principio la borghesia non è mai riuscita a realizzarlo compiutamente, poiché, se l'avesse fatto, avrebbe dovuto scomparire come "classe" specifica.

Nel capitalismo la diversità dei lavori non è vista in rapporto all'uguaglianza sociale, poiché, in tal modo, si può meglio affermare la superiorità di un lavoro su un altro. L'equivalenza delle merci è un sofisma che permette al produttore *più forte* d'imporsi su quello più debole. L'uguaglianza astratta dei lavori per la borghesia è un modo subdolo per imporre il dominio della proprietà privata dei mezzi produttivi, e quindi per riaffermare la disuguaglianza dei lavori. Il lavoro astratto viene accettato dalla borghesia solo nello *scambio* perché di fatto viene negato nella produzione. Solo il proletariato, che non è una classe particolare, potrà accettare consapevolmente il lavoro astratto nello scambio dopo averlo affermato nella *produzione*. L'equivalenza delle merci potrà effettivamente

16

esistere soltanto quando la società considererà uguali i diversi lavori individuali, cioè ugualmente importanti ai fini del benessere collettivo.

Il concetto di "lavoro astratto", in questo senso, appare come un'arma a doppio taglio. Nell'ambito del socialismo si potrà non tener conto della diversità dei lavori individuali solo quando esisterà già affermato il principio dell'*uguaglianza sociale*, o se comunque esisterà una tensione collettiva verso il bene comune. Ma questo implica che nella società l'*ideale* dovrà essere molto forte.

L'altro aspetto che del marxismo qui non convince è più noto e il leninismo l'ha già superato. Quello secondo cui per costruire il socialismo democratico "è necessario un fondamento materiale della società, cioè un insieme di condizioni materiali d'esistenza che sono, a loro volta, l'originario prodotto naturale della storia di uno svolgimento lungo e doloroso" (pp. 80-1).

L'importanza attribuita, nel processo storico di emancipazione umana, alla struttura economica è stata, nei classici del marxismo, inversamente proporzionale alla sottovalutazione dell'importanza della sovrastruttura culturale. È stato appunto il leninismo a dimostrare che il socialismo può essere costruito là dove, semplicemente, se ne avverte il *bisogno*, anche perché, mentre il capitalismo si sviluppa, nessuno sarebbe in grado di fissare un limite massimo a tale sviluppo, il quale, tra l'altro, non può mai corrispondere, *ipso facto*, a una particolare "crisi risolutiva", poiché a questa, di regola, segue una ripresa della produzione.

Peraltro, la formazione delle basi materiali non garantisce di per sé una possibilità più favorevole alla transizione socialista, anche perché, mentre si formano queste basi, l'ideologia borghese penetra nelle coscienze dei lavoratori e le "corrompe". Ecco perché la coscienza proletaria non ha bisogno di attendere "uno svolgimento lungo e doloroso" della propria soggezione al capitale, per organizzare il rovesciamento del sistema. È stata proprio la storia del movimento operaio a dimostrare che quanto più la coscienza proletaria tarda a costruire il socialismo, tanto più le sarà difficile farlo.

Socialismo e feticismo in Godelier

In un testo collettaneo intitolato *Progresso e feticismo* (ed. Mimesis, Milano 2002), in cui stranamente, in copertina, appare come autore il solo T. W. Adorno, è presente un vecchio articolo del 1970 di Maurice Godelier, *Feticismo, religione e teoria generale dell'ideologia in Marx*, che merita d'essere commentato.

Siccome l'argomento è quello del feticismo nell'analisi di Marx, è impossibile non parlare della *merce*. Con l'acutezza che gli era propria, Marx, ad un certo punto, notò - rileva Godelier - che il valore di una merce non sta tanto nel suo *valore d'uso* (che in un mercato capitalistico è molto relativo, essendo più che altro determinato dai bisogni *indotti*) e neppure nel suo *valore di scambio*, perché qui il prezzo che si forma è in rapporto ad altre merci. Il vero "valore" nasce infatti nel momento della *produzione* (quindi non tanto in quello della vendita), e dipende da un rapporto di lavoro *alienato*, in cui il lavoratore non è proprietario dei mezzi produttivi, per cui tutto quanto produce non gli appartiene: cosa, questa, che non è immediatamente visibile acquistando una merce.

La compravendita di un oggetto di consumo sembra avvenire in una forma totalmente *libera*, ma proprio nel momento in cui lo si acquista, si contribuisce a perpetuare il rapporto di *schiavitù salariata* che l'ha prodotto, di cui si può anche non sapere nulla. Sul mercato si realizza un rapporto sociale che di "sociale" in realtà non ha proprio nulla, in quanto frutto di "alienazione". D'altronde lo stesso salario, che è l'altra faccia della medaglia della merce, mistifica la vera natura del plusvalore, cioè dello sfruttamento del lavoro, in quanto appare come frutto di una libera contrattazione.

Fin qui Godelier non dice nulla di nuovo: era sufficiente leggersi Marx per capirlo. Come spesso succede, nei teorici del marxismo i limiti delle loro analisi non si evidenziano quando prendono in esame gli aspetti "fenomenologici" dell'economia politica di Marx, ma solo quando esaminano quelli "storici". Essi infatti non s'accorgono che Marx, riducendo la storia a una "storia economica", o comunque lasciandosi condizionare, nella sua storia dell'economia, dall'analisi meramente *fenomenologica* del capitalismo, non è sempre in grado di dare una lettura esauriente degli eventi, soprattutto laddove avvengono delle *transizioni* da una formazione sociale all'altra, per le quali Marx, discepolo, in questo, di Hegel, predilige l'uso della categoria della "necessità".

E così, mentre la sua analisi *fenomenologica* del capitalismo è sostanzialmente indovinata, per quanto non approfondita nei suoi aspetti *culturali*, quella più propriamente *storica*, riguardante formazioni sociali pre-capitalistiche, lascia molto a desiderare, e se ci si limita a riprodurla *telle quelle*, non si riesce a fare alcun progresso ermeneutico.

*

Godelier passa quindi a esaminare, sulla scia di Marx, tre casi storici di assenza di feticismo della merce. Il primo è quello delle *società primitive*, in cui l'associazione immediata dei produttori, a conduzione familiare, produce tutto ciò di cui ha bisogno, sicché non è dipendente da alcun mercato.

A quali "società primitive" fa riferimento Godelier? Stando a quanto dice subito dopo, a società precedenti il cosiddetto "modo di produzione asiatico", che costituisce infatti il secondo caso, dove invece le forme di cooperazione tra produttori vengono imposte dalle classi dirigenti e dallo Stato: è qui infatti che esiste la trasformazione del prodotto in merce. Tuttavia, siccome la produzione mercantile ha ancora un ruolo secondario, il feticismo della merce, nel suddetto modo di produzione, non può ancora costituire il tratto predominante dell'ideologia economica.

Ora però si faccia attenzione al ragionamento di Godelier. Poiché Marx non ha mai esaminato il modo di produzione della preistoria, essendo arrivato al massimo a quello "asiatico", cosa è costretto a dire Godelier quando parla di "società primitive"? Che esse *non erano sostanzialmente diverse* da quelle asiatiche. Lui stesso lo scrive, senza rendersi conto del limite di fondo, su questo punto, dell'analisi marxiana: "Le società menzionate da Marx sono le antiche forme di società divise in classi, asiatiche o europee... le società che appartengono al modo di produzione asiatico o a quello schiavistico" (p. 32).

Cosa c'è che non va in questa analisi? Anche tralasciando il fatto che lo schiavismo asiatico era di tipo *collettivistico* (come quello egizio), mentre lo schiavismo europeo è stato di tipo *individualistico*, quello che qui non si comprende è che nel modo di produzione "primitivo" o "preistorico" non vi era alcuna forma di schiavismo. Viceversa, nel modo di produzione asiatico vi era *già* la separazione del produttore dai suoi mezzi di lavoro (unico proprietario della terra era il despota o il faraone), e per giustificare la schiavitù diretta ci si serviva della *religione*.

Ora, siccome è stato solo questo il modo di produzione "antico" esaminato da Marx (basta leggersi le *Formen*), è oggi imperdonabile ripetere il suo stesso errore d'inglobare in tale sistema produttivo anche quello pre-schiavistico. Infatti, quando Marx afferma, nelle *Formen*, che il modo di produzione primitivo poggiava "o sulla immaturità dell'uomo individuale, che ancora non si era distaccato dal cordone ombelicale del legame naturale di specie con altri uomini, oppure su rapporti immediati di signoria e di servitù", stava sovrapponendo due cose del tutto diverse, e nessuna delle due, per di più, in grado d'interpretare adeguatamente il periodo preistorico.[3]

Parlare di "immaturità dell'uomo individuale", in rapporto al *collettivismo libero* della preistoria, non ha alcun senso, proprio perché si sta usando una *categoria sociale fuori contesto*. I "legami naturali di specie" non erano e continuano a non essere affatto da recidere, anche perché sono gli unici che possono costituire un ostacolo alla nascita del feticismo delle merci e della religione in generale. Al massimo si può parlare di "emancipazione individuale" rispetto a un contesto di schiavismo statale (asiatico) o individuale (europeo). Ma in tal caso si dovrebbe aggiungere che il feticismo delle merci, invece di diminuire, tende ad aumentare, seppur in forme laicizzate, come appunto è avvenuto in epoca borghese.

Non ha alcun senso storico sostenere che l'uomo primitivo è passato, in maniera spontanea, dall'autoconsumo alla società divisa in classi contrapposte perché non vedeva alcuna stridente contraddizione tra la dipendenza nei confronti della natura e quella nei confronti dello Stato (o verso il despota che lo rappresentava). Qui in realtà si è in presenza di una *rottura traumatica*, non di una transizione senza soluzione di continuità. Non si passa in maniera spontanea da una disuguaglianza naturale tra uomo e donna e tra le generazioni a una tra "opposte classi sociali",

---

[3] Che il modo di produzione asiatico non avesse quasi nulla del comunismo primitivo è dimostrato appunto dal fatto che si trattava di un "modo" di produzione imposto dalle classi dirigenti. L'asiaticità di questo modo, che si riscontra anche nell'Africa dei faraoni e nelle civiltà pre-colombiane, stava appunto nel fatto che l'imposizione aveva una natura *statale*, mentre in Europa occidentale esso era basato sullo sfruttamento *privato*, che lo Stato doveva limitarsi a tutelare. In Asia era uno sfruttamento prevalentemente *tributario*, in Europa occidentale era di tipo *personale*, in quanto lo schiavo veniva acquistato sul mercato del lavoro, come una qualunque altra merce. Marx non ha mai ben chiara la differenza tra comunismo primitivo e MPA anche perché gli interessa soltanto la transizione da qualunque modo pre-capitalistico a uno capitalistico, e in questo vuol dare per scontato che la transizione sia stata *necessaria*. L'unica cosa particolare che si chiede è il motivo per cui in Asia, pur essendoci stata una ricchezza non meno inferiore a quella europea, anzi antecedente di molti secoli a quella greco-romana, non si sia mai formata una transizione autonoma, in quanto questa, semmai, è stata un prodotto d'importazione dovuto al colonialismo europeo.

anche perché in un contesto di "collettivismo libero" - quale quello preistorico - la diversità naturale tra uomo e donna o tra giovani e anziani
non aveva alcuna ripercussione sociale. Le disuguaglianze naturali venivano percepite come *risorsa*, non come problema.

*

Il terzo esempio esaminato da Marx è il *modo di produzione feudale*. Qui Godelier fa capire che il feudalesimo riassume in sé tutti i modi
di produzione pre-borghesi, in quanto i rapporti sociali tra le persone nei
loro lavori appaiono come *rapporti personali* e non sono travestiti da
rapporti sociali fra le *cose* prodotte dal lavoro.

Godelier non vede una differenza significativa tra il modello
asiatico, in cui tutti dipendono, in maniera uguale, da un despota che si
serve dello Stato e della religione per dominare (coadiuvato, in questo,
da funzionari amministrativi e militari), e il modello europeo feudale, in
cui la dipendenza personale riguarda, reciprocamente, tutti gli individui.
Cioè, mentre da un lato si è tutti uguali, nella propria sudditanza nei confronti del despota, che incarna il senso mistificato della collettività[4]; dal-
l'altro invece la dipendenza viene esercitata nei rapporti personali, per cui
essa si pone a livelli differenti, e il rispetto nei confronti di un'autorità superiore non è assoluto, ma *relativo*, in quanto può anche essere messo in
discussione (cosa che in Europa occidentale abbiamo visto per tutto il periodo feudale: dal *Capitolare di Quierzy* alla *Constitutio de feudis*, dalla
lotta per le investiture a quella dei Comuni contro gli imperatore, sino al-
l'uso politico della scomunica).

È comunque evidente che esiste mistificazione e quindi feticismo
già nei rapporti di schiavitù o di servaggio, che però sono mediati dalla
religione e non dal mercato in quanto tale. Il mercato diventa un feticcio
laicizzato solo in epoca borghese.[5] E per impedire questa mancanza di
trasparenza - non lo dice solo Marx ma anche Godelier - occorre *un'associazione libera dei produttori*.

In che cosa si differenzi materialmente un'associazione del genere da quella "preistorica" ancora non è stato detto da Godelier: qui ci si
deve accontentare del fatto che mentre quella primitiva era caratterizzata
da un legame di specie o parentale, quella del futuro comunismo dovrà

---

[4] Il che ovviamente non impedisce che si formino caste privilegiate come quelle
dei funzionari statali e religiosi.
[5] Qui ovviamente non è il caso di esaminare la differenza tra il feudalesimo
dell'Europa occidentale e quello dell'Europa orientale, che non era irrilevante,
essendo l'Europa bizantina e slava più vicina al modo di produzione asiatico.

essere "libera". Come se un rapporto parentale o di specie non possa essere "libero" proprio a causa della sua "naturalezza"!

Tuttavia Godelier, che ha sbagliato sin dall'inizio a confondere il modo di produzione "preistorico" con quello "asiatico", sta per introdurre un argomento che confonderà ulteriormente le cose: quello del ruolo della *religione*.

Ciò che qui si vuole sostenere, in antitesi all'analisi di Godelier (il quale, tutto sommato, resta fedele allo svolgimento di Marx), è anzitutto il fatto che la religione non nasce *necessariamente* laddove i rapporti e i mezzi produttivi sono basati sull'autoconsumo.

Quando Marx prese a esaminare le società antiche (asiatiche), queste avevano *già* abbandonato il comunismo primitivo, e la prova inconfutabile di questa rottura è data appunto dalla presenza della *religione* (o comunque del racconto mitologico).[6]

Ora, sostenere che questa forma di mistificazione era strettamente correlata al fatto che il livello delle forze produttive era molto basso, significa fare un torto a quei due milioni di anni di storia dell'uomo primitivo, che conobbero solo un *collettivismo libero*, privo di forzature dispotiche o statali. Né si può pensare che ai primordi dell'umanità non sarebbe potuta nascere alcuna religione a motivo di un basso livello di astrazione intellettuale, poiché, in tal caso, il torto sarebbe anche maggiore. Non avendo più noi un rapporto equilibrato con la natura, non riusciamo neanche a immaginarci come si potesse essere "conformi a natura" e, nel contempo, privi di religiosità.

Il fatto di sentirsi "dominati" dalle forze della natura potrebbe costituire un problema solo nel caso in cui l'esistenza umana fosse a rischio. Ma in tal caso dovremmo chiederci se questa nostra concezione di "natu-

---

[6] Forse si dovrebbe fare una distinzione tra religione e mito. In generale si può dire che là dove esiste la religione, anche la mitologia esprime una alienazione sociale. Non è però detto che, in assenza di religione, il mito ne costituisca l'equivalente. Non tutti i miti sono frutto di alienazione sociale. È vero che sotto il "socialismo reale" sono stati costruiti dei miti che erano una sorta di demagogia propagandistica, ma a quel tempo la laicità o l'ateismo era una forma mascherata di religiosità. Di sicuro in una società collettivizzata come quella preistorica i miti dovevano essere qualcosa di assolutamente innocuo, privo di finalità recondite, con le quali giustificare abusi e ingiustizie. Viceversa nella mitologia greca non vi è neppure un racconto che non giustifichi i rapporti di potere dominanti. Si può quindi presumere che i miti pre-schiavistici servissero soltanto per dare un senso ulteriore, di tipo *simbolico*, a un'identità vissuta *già* in maniera significativa. In assenza di antagonismi sociali, il fatto di considerare "sacra" la natura e quindi il proprio rapporto con essa dovrebbe essere ritenuto un atteggiamento del tutto normale, in quanto il sacro è fonte di rispetto.

ra matrigna" non sia condizionata da qualche forma di conflittualità che viviamo a livello sociale. Quando parliamo della religione come forma proiettiva di alienazioni sociali, non dovremmo dimenticare che anche la scienza in generale o anche l'interpretazione "scientifica" della storia può essere soggetta al medesimo condizionamento. Non è certo la *conoscenza in sé* che ci impedisce d'avere concezioni distorte della realtà. Se fosse così semplice, non avremmo più bisogno, dopo mezzo millennio di sviluppo borghese della scienza, di un suo ulteriore sviluppo. Gli uomini primitivi erano in grado di tramandarsi conoscenze fondamentali alla loro sopravvivenza sicuramente molto meglio di noi: non avevano continuamente bisogno di chiamare il tecnico specializzato per risolvere qualche loro problema quotidiano!

*

Diciamolo in altra maniera. In astratto può essere vero che il riflesso religioso del mondo reale è in grado di scomparire soltanto quando i rapporti della vita pratica presentano relazioni chiaramente *razionali* tra loro e con la natura. Nel concreto invece occorre spiegare cosa s'intende con la parola "razionalità", altrimenti ci s'impantana ancor più negli equivoci.

Non dobbiamo infatti dimenticare che noi facciamo dipendere il concetto di "razionalità" dalla scienza moderna, sperimentale, nata mezzo millennio fa e proseguita sino ad oggi in forma sempre più specialistica e sofisticata. È curioso che i marxisti contestino il capitalismo sul piano economico, senza mai mettere in discussione i cosiddetti "progressi scientifici e tecnologici" della cultura borghese. E pensare che per farlo basterebbe mettere in relazione lo sviluppo tecnico-scientifico con la devastazione ambientale (cosa che però negli anni Settanta non era facile a farsi).

La storia ha già abbondantemente dimostrato che la razionalità non è affatto dovuta a un affronto "scientifico" della realtà, e che un rapporto con la realtà non è tanto più "scientifico" quanto più è sviluppato il progresso tecnologico. Il rapporto tra scienza, tecnologia e razionalità non è mai così scontato. Nella fase della preistoria la razionalità e quindi la conoscenza "scientifica" della realtà erano date dalla "naturalità" dei rapporti umani, in cui la natura veniva considerata parte organica dell'essere umano, e non - come oggi - un semplice oggetto da consumare, un bene meramente strumentale.

Gli uomini primitivi conoscevano adeguatamente la natura in rapporto alle loro esigenze riproduttive, le quali, a loro volta, per dirsi "razionali", non potevano opporsi in maniera irreparabile a quelle della stessa natura. La tecnologia non era invasiva, cioè era *eco-compatibile*. E potevano verificarlo *immediatamente*, proprio perché il collettivo doveva sopravvivere in un contesto *locale*, dove le risorse potevano essere considerate illimitate solo a condizione che non si violasse l'integrità della natura o comunque la sua autonoma capacità riproduttiva.

La fonte del valore, per l'uomo primitivo, era offerta dalla stessa *natura*, considerata alla stregua di un *organismo vivente*, paritetico all'uomo. Per scoprire che la natura è "vivente" non c'è bisogno del microscopio.

Se si ritiene che l'uomo preistorico fosse religioso solo perché, cronologicamente, il sistema produttivo più prossimo al suo era quello "asiatico", non si dà certo prova di grande "scientificità" nell'analisi storica. Non si possono condannare all'alienazione religiosa milioni di uomini preistorici solo perché non disponevano di mezzi tecnici e scientifici analoghi ai nostri. Anzi, dovremmo dire che la nostra scienza, con la sua pretesa di dominare la natura, di tenersi separata dall'etica e di perfezionare incessantemente la tecnologia, non ha nulla di "razionale". Una scienza del genere ricorda da vicino, seppur in forma laicizzata, il misticismo invasato, il fanatismo religioso o, quanto meno, talune forme di magia.

È dal Seicento che gli scienziati s'illudono d'aver superato con la matematica e la tecnologia quelle che vengono definite le tre pseudo-scienze del periodo umanistico-rinascimentale: magia, alchimia e astrologia. Come se una scienza, in sé e per sé, possa subissarne un'altra! Come se nell'evoluzione del pensiero gli aspetti materiali dell'esistenza, gli interessi in gioco abbiano una parte del tutto secondaria! Come se il fanatismo fosse una prerogativa della fede e non anche della ragione!

*

Ma c'è di più. Pur di non derogare al primato della scienza e della tecnica, il marxismo non solo attribuiva la nascita delle religioni al basso grado di sviluppo delle forze produttive e non solo alla ristrettezza localistica dei rapporti sociali e all'ignoranza dei meccanismi della natura e della storia, ma anche - e qui si raggiunge il paradosso - all'assenza di una *complessa divisione del lavoro*, cioè a una cosa che, più delle altre, va considerata come un sintomo inequivocabile della divisione in classi opposte.

Questa caratteristica del marxismo, di sostenere il valore di cose "borghesi" pur di dimostrare che la dissoluzione del comunismo primitivo era inevitabile, salvo poi aggiungere che dal capitalismo si deve passare al socialismo, poiché solo in questa maniera si può gestire nel migliore dei modi la scienza e la tecnica, è forse uno dei limiti più grandi di questa corrente di pensiero (un limite, come facilmente si può notare, di derivazione evoluzionistica e positivistica).

Peraltro, anche ammettendo che l'uomo preistorico avesse una qualche fede religiosa, sarebbe del tutto assurdo ritenere frutto di alienazione credenze come quelle animistiche o totemiche. Credere in una natura vivente, dominata da uno "spirito regolatore", è soltanto una forma d'ingenuità non di alienazione. Là dove sono esistite credenze del genere, non si sono formate caste privilegiate, rapporti basati sulla rendita o sul profitto.

E poi è quanto meno limitativo sostenere che l'uomo preistorico non aveva una conoscenza "scientifica" dei processi naturali. La conoscenza *empirica* di cui poteva vantarsi era assolutamente ancestrale, frutto di una sapienza maturata nei millenni, secondo una metodologia per "prove ed errori".

Non c'erano "false" concezioni della natura, ma, semmai, "parziali", e in ogni caso era un limite rapportato a esigenze di sopravvivenza. Non serve a nulla sapere ciò che non serve. Semmai è oggi che abbiamo una concezione "falsa" della natura, quando ce la immaginiamo al nostro completo servizio o, peggio ancora, quando siamo convinti ch'essa potrà risolvere da sola i guasti che le procuriamo, o quando ci illudiamo che le sue risorse siano illimitate, a prescindere dall'uso che ne facciamo. E che dire quando le attribuiamo la causa di quelle nostre disgrazie che ci appaiono (spesso per comodità) assolutamente imprevedibili, imponderabili, eccezionali?

Non ha alcun senso negare una superiorità alla natura soltanto perché temiamo che, in caso contrario, si finisca col fare un favore alla religione. Non è solo l'*uomo* a essere una vera alternativa a dio: lo è anche la *natura*, che dell'uomo è partner privilegiata. Pensiamo soltanto al fatto che non solo l'uomo dipende dalla natura, ma anche questa, a sua volta, vive un rapporto di dipendenza: quello nei confronti del sistema solare. Il che a noi, abituati a usare fonti di energia non rinnovabile e padroni dei segreti dell'atomo, pare quasi del tutto insignificante.

L'uomo non è altro che la consapevolezza dell'*intelligenza* della natura (una consapevolezza che, ovviamente, va oltre il mero istinto). Nei confronti di questa intelligenza si deve provare anche un sentimento di umiltà, di gratitudine, di riconoscenza... Non abbiamo bisogno di aspettare di conoscere tutte le leggi della natura prima d'iniziare a capire che dobbiamo rispettarla.

L'uomo è un *ente di natura*, e quando usa l'intelligenza per modificare i processi naturali, dovrebbe prima di tutto chiedersi quali saranno le conseguenze *su di sé*. L'uomo non può pensare di modificare l'ambiente senza modificare se stesso.

Il fatto che la natura, dopo le scoperte geografiche iniziate con Colombo, ci sia apparsa sconfinata, ci ha portato a pensare che potevamo usarla come ci pareva, ma è stato un errore colossale, di cui abbiamo pagato e stiamo ancora pagando le conseguenze. E se non rivediamo i criteri del nostro modello di sviluppo, è difficile pensare che il genere umano avrà delle sicurezze nel futuro, poiché la natura non può tollerare ciò che le impedisce di esistere. Nel peggiore dei casi si creano dei deserti in cui la vita, per noi umani, è impossibile. Cosa che stiamo costantemente verificando non solo col taglio indiscriminato delle foreste e con le mutazioni artificiali del clima, ma anche con l'uso civile e militare del nucleare.

Rendersi la vita impossibile, nell'unico pianeta abitabile, a nostra conoscenza, è da folli. Andando avanti di questo passo, noi rischiamo di diventare una mina vagante per l'intero universo, visto e considerato che tra le nostre aspettative vi è anche quella di popolarlo (o meglio - come più ci piace dire - di "colonizzarlo").

*

Tutto ciò per dire che Godelier non ha afferrato il concetto di "uomo preistorico" e l'ha continuamente confuso con quello di "uomo civilizzato", quello uscito dal comunismo primitivo. E in questo non ha fatto che riprodurre i limiti dell'analisi marxiana, che però erano di un secolo prima, quando ancora gli studi etno e antropologici risultavano quantitativamente piuttosto scarsi.[7]

Questo suo limite è ben visibile là dove dice che "l'uomo primitivo pensa alla natura per *analogia*... al mondo umano" (p. 36). Cioè il primitivo trasferiva nella natura la debolezza, la precarietà della sua esistenza sociale e si raffigurava delle entità onnipotenti, sovratemporali, disposte ad aiutarlo in cambio di sacrifici e riti di vario genere: proprio per questo esse suscitavano timore e rispetto.

Godelier è così certo di questo che non riesce neppure a spiegare se da questo atteggiamento istintivo è nata la religione o se è stata la religione (come prodotto imposto dall'esterno) a indurre l'uomo primitivo ad avere un comportamento del genere. Non gli interessa fare questa distin-

---

[7] Sia Marx che Engels conoscevano però le opere di Hanssen, Meitzen, Maurer e Morgan.

zione perché, secondo lui, "primitivismo economico" e religione coincidono, per cui ciò che in realtà gli interessa è soltanto di mostrare l'*analogia* tra il feticismo economico della merce e quello religioso di tutti i tempi.

Così facendo però non si rende conto che nell'uomo preistorico il processo analogico era, in un certo senso, capovolto: l'uomo non proiettava affatto sulla natura l'esigenza di risolvere le proprie frustrazioni, ma cercava piuttosto di ricavare dalla natura le soluzioni ai propri problemi. La natura era considerata una risorsa "materiale" per l'esistenza quotidiana e non un rifugio artificiale per affrontare alienazioni psicologiche e sociali.

Il rapporto alienato con la natura è subentrato subito dopo che l'uomo ha sperimentato un rapporto alienato con se stesso e coi propri simili. Il fatto stesso che si siano volute costruire le prime civiltà schiavistiche nei luoghi più impervi del pianeta, lo dimostra eloquentemente, anche se noi lo interpretiamo come un evento di grande "progresso".

Dovremmo piuttosto ragionare al contrario. Siamo noi che, nonostante tutta la nostra scienza e tecnologia, con cui ci piace fare della natura ciò che vogliamo, abbiamo con essa, ancora oggi, un rapporto di mera evasione nei nostri momenti liberi dall'alienazione del lavoro quotidiano. Siamo noi che riproduciamo, in forme diverse, la stessa alienazione che viviamo nel mondo urbanizzato. Siamo noi che c'illudiamo di superare le nostre alienazioni estraniandoci dalla realtà, magari anche solo per un tempo circoscritto.

Davvero pensiamo di superare questa forma di frustrazione sociale limitandoci a socializzare la proprietà privata dei principali mezzi produttivi? Davvero pensiamo che l'alienazione religiosa sia una caratteristica delle società divise in classi contrapposte e che essa non si ripresenti, in forma laicizzata, anche in quelle strutture di socialismo in cui lo Stato gioca il ruolo di un "padre e padrone"? Non è forse il caso di ripensare *in toto* il modello di sviluppo, chiedendoci se le forme della tecnologia di cui ci serviamo sono davvero compatibili con le necessità riproduttive della natura?

Oggi non è più sufficiente parlare di "proprietà comune" e di "organizzazione pianificata" delle risposte da dare ai bisogni umani. Le devastazioni ambientali compiute nella Russia socialista sono state spaventose. Non ha alcun senso pensare che gli stessi strumenti prodotti dalla società alienata possano essere utilizzati da una società democratica o socialista, "a misura d'uomo".

Lo sviluppo della scienza e della tecnologia non è un processo neutro, indipendente dall'alienazione sociale. Non è affatto vero che un oggetto di per sé non è né "buono" né "cattivo", e che tutto dipende dall'uso che se ne fa. Un ragionamento così semplicistico non l'avrebbe mai fatto un uomo primitivo. Di ogni oggetto, infatti, bisogna sempre chiedersi se sia "conforme a natura", e il criterio per capirlo è la natura stessa che l'offre, non siamo certo noi.

Se infatti pensiamo di poter stabilire autonomamente, cioè indipendentemente dalle esigenze della natura, il criterio di usabilità degli oggetti che ci diamo, possiamo star sicuri d'essere già sulla strada sbagliata. Paradossalmente un criterio del genere non potremmo deciderlo neppure se vivessimo isolati a diretto contatto con la natura. Questa infatti non può essere vissuta in maniera individualistica: è una risorsa troppo impegnativa.

Certo, l'uomo può essere così creativo da poter utilizzare gli oggetti secondo scopi del tutto diversi da quelli per i quali erano stati costruiti. Ma è anche vero che esiste un punto di non ritorno, per il quale determinati oggetti diventano del tutto inutili: ce lo indicano quegli stessi oggetti che abbandoniamo nelle nostre immense discariche o che, a titolo puramente simbolico, collezioniamo nei nostri musei. Questa mancanza di rispetto nei confronti della natura la stiamo sperimentando anche nei confronti del cosmo, già pieno di tecnologia spaziale in disuso, abbandonata a se stessa.

Quando i costi del riciclaggio ci paiono troppo onerosi, non ci sfiora neanche per l'anticamera del cervello l'idea che nel nostro stile di vita ci sia qualcosa di assolutamente perverso. Pur con tutta la nostra consapevolezza "scientifica" delle cose, pensiamo sempre che qualcuno o qualcosa, prima o poi, risolverà i nostri problemi. Noi che abbiamo voluto creare un sistema sociale il più possibile indipendente dalla natura, ci troviamo a vivere una dipendenza così forte dai mercati e dagli Stati che i problemi più gravi per i destini dell'umanità li affrontiamo soltanto con incoscienza e rassegnazione.

Siamo assolutamente convinti che tutto quello che facciamo, nel nostro piccolo, non serva proprio a nulla, cioè non possa avere un'efficacia significativa per un mutamento di rotta. E in effetti è così. Non possiamo darci torto. Sarebbe ingenuo pensare di poter superare i grandi condizionamenti sociali limitandoci a compiere azioni di "buona volontà" nel nostro privato. Non basta compiere una "rotazione" su di sé, occorre anche una "rivoluzione" che rimetta le cose a posto. Ma per poterla fare, bisogna essere convinti che il prezzo che andremo a pagare sarà inferiore a quello che pagheremmo non facendola.

*

Resta inoltre singolare che Godelier si serva degli studi dell'antropologo Claude Lévy-Strauss per confermare quelli di Marx. Chiunque infatti si rende conto che non ha alcun senso contattare delle popolazioni primitive in qualità di esponenti di una società che ha cercato di colonizzarle. Il rapporto è falsato in partenza. Quelle sono popolazioni che da secoli vivono sulla difensiva, avendo terrore dell'uomo "civilizzato", e che, per questa ragione, han dovuto modificare in peggio il loro stile di vita.

Il fatto stesso che non si riesca a comprendere come il rapporto con la natura avesse per il primitivo una caratteristica ambivalente, di *rispetto* e di *sfida*, una caratteristica che non avrebbe avuto alcun senso superarla aumentando il livello delle forze produttive, la dice lunga. Per noi la natura è soltanto qualcosa da sottomettere: siamo troppo competitivi per metterci al suo stesso livello. Non riusciamo a concepire che la lotta debba essere condotta ad armi pari. Noi non riusciamo neppure ad accettare l'idea che debba essere la natura ad avere una parte assolutamente preponderante nello stabilire il significato della nostra vita.

Siamo talmente presi dalle nostre manie tecnologiche che quando pensiamo di colonizzare altri pianeti, l'unica natura che ci viene in mente è quella che noi stessi riusciremo a riprodurre artificialmente (soprattutto con l'uso delle serre). Già oggi, su questa Terra, non ci facciamo scrupoli nel modificare geneticamente tutti i prodotti della nostra alimentazione e ci appare del tutto naturale ch'essi debbano maturare a prescindere dai cicli delle stagioni. Nel migliore dei casi viviamo la natura come un aspetto decorativo, come quando mettiamo delle piantine nei nostri uffici polverosi.

Il secondo aspetto che di Lévy-Strauss Godelier prende in esame è quello dell'*analogia*. Abituati come siamo al metodo induttivo, alla scienza sperimentale, alla logica sillogistica e ad altri "miti" del genere, l'analogia ci appare come una forma di pensiero del tutto primitiva, foriera di inevitabili svolgimenti mistico-irrazionali. Eppure l'analogia viene usata, ancora oggi, tanto nei paesi di religione islamica quanto in quelli anglo-americani. Dove? Nella *giurisprudenza*! Laddove si è capito che non ha senso pensare di prevedere tutti i casi possibili d'infrazione della legge, anticipandoli astrattamente, ci si affida ai casi concreti già affrontati, con tanto di sentenza finale. Dobbiamo quindi per forza pensare che laddove si usa l'analogia la giustizia è meno fondata? o è meno razionale? L'analogia è un obbrobrio soltanto quando la si usa per giustificare abusi commessi in precedenza. Ma è ridicolo pensare di potersi sottrarre a questo rischio scrivendo intere enciclopedie su tutti i possibili reati che virtualmente si potrebbero compiere.

L'analogia fa parte del pensiero umano naturale. Al massimo si dovrebbe affermare che là dove i rapporti sociali sono alienati, l'analogia tende a giustificarli. L'analogia è soltanto una forma di semplificazione, la cui efficacia nei confronti della giustizia, positiva o negativa che sia, non può certo dipendere da se stessa, ma solo dai rapporti sociali dominanti. Questo per dire che se anche, sulla base del pensiero analogico, il primitivo si creasse dei miti di tipo "religioso", con cui spiegare taluni fenomeni naturali, ciò non dovrebbe affatto essere considerato negativamente, cioè come sintomo di una propria debolezza materiale nel rapporto con la natura. Nel primitivo l'analogia non veniva usata per confermare l'eccezione ma la regola; non voleva essere eversiva ma rassicurante. Siamo noi che oggi usiamo l'analogia come metodo, anzi come pretesto per giustificare l'iniquità del nostro stile di vita.

Il fatto stesso che il primitivo s'immaginasse il cosiddetto "aldilà" in maniera analoga all'esistenza terrena, non va considerato, di per sé, un segno di immaturità, di alienazione sociale, di ingenuo primitivismo. Nella vita tutto è sempre molto relativo. Anche gli egizi pensavano che i faraoni dovessero continuare a regnare dopo morti: di qui le imbalsamazioni, le piramidi e quant'altro. Ma la loro era una società basata sulle differenze di ceto e di classe: l'analogia era una forma di discriminazione.

Abituati come siamo all'antagonismo sociale, non c'immaginiamo forse chi è diverso da noi (noi come "occidentali" o di "razza bianca") come un soggetto da evitare o da tenere sotto controllo? Persino quando trattiamo, nei film di fantascienza, l'argomento degli extra-terrestri, non riusciamo mai a credere ch'essi non siano fondamentalmente dei nemici del genere umano: e il fatto che possano avere un'intelligenza superiore alla nostra non ci rassicura per niente, anzi ci mette in allarme.

L'analogia ci determina costantemente, ma perché essa non si trasformi in un qualcosa di "ideologico", dobbiamo essere disposti a non dare mai nulla per scontato: cosa però difficilissima là dove esistono forti pressioni da parte dei poteri dominanti e dove non esistono forti resistenze a questi poteri. Dobbiamo smetterla di pensare che l'unico modo di pensare sia il nostro. Che una cultura umanistica e naturalistica possa passare anche attraverso metafore e metonimie (le due principali forme di analogia), dovremmo considerarlo come un segno di grande intelligenza e sensibilità.

*

Vediamo ora i *rapporti parentali*. Godelier ci ricorda che nei *Mitologica* Lèvy-Strauss sostiene che "i rapporti di parentela costituiscono lo *schema sociologico* organizzativo del mondo mitico" (p. 42), anche perché tali rapporti sono "*oggettivamente* la struttura *dominante* dei rapporti sociali" (ib.).[8]

Ora per quale motivo riteniamo che l'importanza di questi rapporti parentali sia del tutto irrilevante ai fini della costruzione della società? Il motivo lo conosciamo tutti: la nostra è una società che, permettendoci un alto sviluppo delle forze produttive, favorisce uno spiccato individualismo. Noi viviamo in società fortemente urbanizzate, dove la socializzazione è soltanto la sommatoria di tanti individui isolati, che casualmente si trovano a vivere in un medesimo ambiente, essendo privi di radici comuni; dove le famiglie sono di tipo "nucleare"; dove gli aspetti pubblici dedicati al lavoro sono del tutto separati da quelli privati e dove nel privato ci si aggrega per occupare del tempo libero, per coltivare interessi che non necessariamente vanno a intersecarsi con la propria vita pubblica.

La crescente urbanizzazione mondiale è il frutto di un rapporto egemonico che l'industria ha voluto imporre all'agricoltura. Un numero infinito di persone è stato sradicato dalla propria terra e quindi dalle proprie tradizioni, dalle proprie radici culturali e linguistiche, dei propri valori per poter vivere cose imposte dall'alto. L'urbanizzazione è il luogo per eccellenza della spersonalizzazione, dell'anonimato, della reciproca strumentalizzazione, in quanto le persone vengono considerate solo per il ruolo o per la funzione che svolgono e non per se stesse.

La città non è che la figlia legittima di mercati nati dal dominio del capitale su tutto il resto. Cosa c'è di "naturale" in tutto questo? Davvero i rapporti parentali, clanici o tribali dovevano essere *necessariamente* superati? E potevano esserlo solo in questa maniera individualisti-

---

[8] Si noti, *en passant*, che quando scoprì, nelle *Strutture elementari della parentela*, che la proibizione dell'incesto imponeva nei primitivi l'esogamia, e che questa è un sistema simbolico come il linguaggio, sembrava avesse scoperto chissà cosa. Come quando disse, nel *Totemismo oggi*, che le specie naturali usate nei totem non venivano scelte perché "buone da mangiare", ma perché "buone da pensare". Aveva scoperto che i primitivi erano in grado di pensare! E che dire quando scoprì che i cibi cotti indicavano il passaggio dalla natura alla cultura? L'uomo primitivo non era una bestia! È vero che arrivò a dire che tra pensiero primitivo e pensiero scientifico non vi è una frattura radicale, in quanto il mito, ancora oggi, ci caratterizza più di quanto pensiamo, ma è anche vero che si limitò a fare questa semplice constatazione, con la quale arrivò a sostenere che tra uno scienziato e un mago non esisteva una differenza qualitativa. Troppo poco per capire davvero la differenza tra pensiero primitivo e pensiero civilizzato.

ca? Le città sono un cantiere sempre aperto, richiedono una costante e costosissima manutenzione; sono, in maniera diretta o indiretta, la principale fonte di inquinamento del pianeta; sono un'incredibile fucina di reati e di delitti d'ogni genere; costituiscono il principale luogo dell'alienazione sociale, la causa scatenante di tutti i conflitti bellici (locali, regionali, nazionali e mondiali). Sono 6000 anni che le città sfornano le concezioni religiose, filosofiche e scientifiche della vita più maschiliste, scioviniste e razziste che mai si siano avute.

Non c'è città che sappia cosa voglia dire la parola "pace" o la parola "sicurezza", per non parlare di parole come "uguaglianza", "giustizia", "libertà"... Se queste cose esistono sono solo per pochi privilegiati, oppure, se per molti, è perché nelle aree coloniali di queste metropoli milioni di persone ne stanno pagando il prezzo. Infatti, un'altra caratteristica fondamentale delle città industrializzate è quella di suddividersi il mondo in aree d'influenza, dove possono sfruttare come meglio credono le materie prime, la manodopera e i mercati. Le città sono la principale causa dello sfruttamento del pianeta, della sua desertificazione e della forzata emigrazione di milioni di persone da un luogo all'altro, in cerca di fortuna. È impossibile pensare alla realizzazione di un socialismo democratico senza la scomparsa di questa città artificiali, che di umano non hanno assolutamente nulla.

*

Godelier è uno di quei marxisti ingenui che pensano sia sufficiente sostituire la religione con la filosofia e la scienza per assicurare all'umanità il miglior progresso nello sviluppo del pensiero. Il parziale ateismo della filosofia e il totale ateismo della scienza avrebbero - secondo lui - liberato l'umanità dal feticismo espresso nelle idee religiose. Sostituire gli dèi falsi e bugiardi coi mercati e con gli Stati, e soprattutto con la tecnologia più avanzata, ci avrebbe fatto diventare "padroni in casa nostra", cioè non più dipendenti da forze estranee, naturali o divine che siano no.

In un certo senso il socialismo - secondo Godelier - non farebbe che ereditare questa lunga battaglia contro il feticismo, sempre condotta dalla filosofia e dalla sua figlia legittima, la scienza. La differenza che il socialismo pone, tra se stesso e il capitalismo, non riguarderebbe tanto i contenuti della filosofia e della scienza, quanto piuttosto l'obiettivo finale, che - come noto - per il socialismo è rappresentato dalla socializzazione della proprietà dei mezzi produttivi, che è la cosa fondamentale che permette di "pianificare" la propria attività lavorativa e di eliminare ogni forma di alienazione.

Qui tuttavia bisogna parlare fuori dai denti e ci rendiamo perfettamente conto che Godelier, a quel tempo, non poteva farlo. Bisogna esser grati alla Russia d'aver fatto fallire quest'idea di "socialismo statale", non meno "feticistica" di tutte quelle precedenti, in virtù della quale si era pensato di poter risolvere "magicamente" qualunque forma di antagonismo sociale. Delle tre componenti del cosiddetto "progresso umano": mercato, Stato e tecnologia, il socialismo amministrato aveva preso solo le ultime due, convinto di poter fare a meno della prima.

Certo, senza un mercato, dove la competizione è incessante, la tecnologia non poteva essere molto sviluppata. Però in compenso lo era quella degli strumenti coercitivi dello Stato, vero *deus ex machina* per tutti i problemi della società. Anzi, proprio lo Stato assicurava lo sviluppo di quella tecnologia necessaria per difendersi dagli eventuali attacchi degli Stati avversari: di qui l'abnorme sviluppo dell'apparato bellico, poliziesco e spionistico.

Peccato che ci si sia accorti troppo tardi che il nemico usava come armi d'attacco non solo quelle della superiorità tecnologica, ma anche quelle dei mercati economici e della propaganda ideologica e politica: armi invisibili come le antiche divinità del feticismo religioso. E improvvisamente si scoprì che "socializzare" la proprietà dei mezzi produttivi non poteva voler dire "statalizzarla", e che una qualunque accentuazione del ruolo dello Stato, pur in assenza del mercato, non faceva che aumentare l'alienazione sociale, trasformando gli dèi di un tempo e gli imprenditori privati in burocrati amministrativi e dirigenti politici, tutti preoccupati a veder realizzati gli obiettivi decisi dai famosi "piani quinquennali".

Dobbiamo esser grati al "socialismo reale" per aver capito che anche sotto il socialismo, o meglio, sotto una sua caricatura, si può riprodurre quel feticismo alienante che ancora oggi si continua a vivere in nome di dio o del capitale.

Commento di Balibar al cap. XXIV del *Capitale*

Nel famoso libro scritto insieme a Louis Althusser, *Leggere il Capitale*, Etienne Balibar[9] esordisce osservando giustamente che la transizione dal capitalismo al socialismo non può essere il frutto di una progressiva evoluzione da una struttura a un'altra, in quanto occorre una vera e propria "rottura", un momento di "dissoluzione": "il passaggio da un modo di produzione a un altro, per esempio dal capitalismo al socialismo, non può consistere nella trasformazione della struttura attraverso il suo stesso funzionamento, cioè a dire in nessun passaggio dalla quantità alla qualità" (p. 294).

Tuttavia, dice Balibar, il cap. XXIV del *Capitale* sembra prospettare proprio una soluzione del genere: "la trasformazione come un processo dialettico di negazione della negazione" (p. 295). Marx infatti ne parla così: "la produzione capitalistica genera essa stessa, con l'ineluttabilità di un processo naturale, la propria negazione. È *la negazione della negazione*. E questa non ristabilisce la proprietà privata, ma invece la *proprietà individuale* fondata sulla conquista dell'era capitalistica, sulla *cooperazione* e sul *possesso collettivo della terra e dei mezzi di produzione prodotti dal lavoro stesso*" (p. 61 nell'edizione di Marx). Il ragionamento di Marx - come si può notare - è di tipo hegeliano: se la tesi è il capitale e l'antitesi il proletariato che gli si oppone, la sintesi è una formazione sociale che supera entrambe le opposizioni, conservandone gli aspetti che meritano d'essere riprodotti. Quindi non più un ritorno alla proprietà pre-capitalistica, in cui non c'era cooperazione, collettivizzazione dei mezzi produttivi ecc., ma la nascita di un nuovo modo di lavorare. Come ciò materialmente possa avvenire non è dato di sapere, in quanto Marx parla di "ineluttabilità di un processo naturale".

Balibar non ha dubbi nell'affermare che "l'analisi dell'accumulazione originaria [in tal senso] appare relativamente indipendente dall'analisi propriamente detta del modo di produzione, anzi come un'*enclave* di storia 'descrittiva' in un'opera di teoria economica" (p. 295). Il cap. XXIV sembra infatti suggerire l'idea "che il modo di produzione (capitalistico) si trasformi 'da sé' attraverso il gioco della sua propria 'contraddizione', cioè a dire della propria 'struttura'" (ib.).

Su questo bisogna aprire una parentesi. Se il cap. XXIV suggeri-

---

[9] Testo di riferimento: L. Althusser - E. Balibar, *Leggere il Capitale*, ed. Feltrinelli, Milano 1971.

sce l'idea di cui parla Balibar, secondo noi non è cosa di cui ci si dovrebbe preoccupare più di tanto, in quanto è fuor di dubbio che il capitalismo ha in sé contraddizioni così antagonistiche che o il suo superamento deve essere considerato *inevitabile*, o *inevitabile* sarà l'acuirsi degli antagonismi, fino alla possibile autodistruzione del genere umano, come le due guerre mondiali hanno già lasciato presagire: se nazioni come Cina, India, Russia, Brasile... pretendessero di rimettere in discussione, in chiave *imperialistica*, la ripartizione del mondo anche a costo di scatenare un nuovo conflitto mondiale, è dubbio, con il potenziale bellico attuale, che l'umanità riuscirebbe a sopravvivere a se stessa.

Semmai sono i *modi* per realizzare la transizione al socialismo che meriterebbero d'essere oggetto di discussione. La specie umana non è votata all'autodistruzione né a vivere rapporti sociali antagonistici, per quanto la necessità di vivere rapporti sociali di tipo *collettivistico* debba essere considerata solo come una *possibilità* soggetta a decisione *libera* e *consapevole*, non potendo essere una necessità imposta da qualcosa, sia questa la storia o la natura. Oggi siamo più che convinti che la consapevolezza della necessità di questi rapporti deve sempre prevedere un loro rifiuto non meno consapevole.

La *perestrojka* gorbacioviana è stata in fondo la presa di coscienza che la libertà non può mai essere imposta, neanche in nome della verità, e che una qualunque sua imposizione è una forma di dittatura politica. È vero che i paesi est-europei non sono passati dal collettivismo forzato a quello libero, ma è anche vero che quelli dell'ovest non hanno ancora sperimentato alcuna forma di socialismo. Cioè mentre all'est hanno avuto il coraggio di rinunciare al collettivismo forzato, qui invece non si è ancora avuto analogo coraggio di mettere in discussione il forzato individualismo. Chiusa la parentesi.

Molto interessante il fatto che Balibar si sia accorto che "anche il modo di produzione capitalistico appare [nel suddetto capitolo] come il risultato dell'evoluzione spontanea della struttura" (ib.).

L'affermazione è interessante perché in effetti l'impressione è proprio quella. Oggi nessuno è in grado di escludere l'idea di una certa "continuità" nel passaggio dal servaggio al lavoro salariato, come d'altra parte la si può notare nel passaggio dallo schiavismo al servaggio. Tuttavia, ogni forma di passaggio (di transizione) implica, secondo noi, e inevitabilmente, anche una sorta di "discontinuità" nelle forme sociali che si susseguono, che lottano per imporsi: nel senso che non bisogna mai dare per scontata l'evoluzione di un determinato sviluppo socio-economico.

Questo però significa che nel processo di affermazione di una forma di transizione in luogo di un'altra devono concorrere fattori che non sono strettamente economici ma *extra-economici*, cioè sostanzialmente *culturali* o, se si preferisce, *sovrastrutturali* (teologia, filosofia, diritto, politica ecc.). La discontinuità è in stretta correlazione anche con le elaborazioni teoriche che, in maniera più o meno originale, producono le classi intellettuali o dirigenti, e che sono conseguenti al mutamento di determinate condizioni socio-economiche. Insomma non c'è mai transizione *spontanea* senza un qualche riflesso *consapevole* tra le fila degli intellettuali.

Senonché proprio su questo il marxismo classico (escluso ovviamente il leninismo e il gramscismo) ha sempre sofferto di un limite nell'analisi storica: non a caso è noto il riduzionismo di tale analisi a una *storia dell'economia*. Si è tanto più appoggiata l'idea di una transizione "spontanea" da una formazione a un'altra, quanto meno si andava a cercare nella sovrastruttura quelle motivazioni teoriche che in un modo o nell'altro avrebbero potuto favorirla.

Balibar ovviamente condivide la critica marxiana dell'economia politica classica che vede nelle leggi del capitalismo qualcosa di "naturale" o di "sovrastorico", mentre sappiamo che il capitalismo è frutto di un processo drammatico in cui il lavoratore è stato forzatamente separato dalla proprietà dei mezzi produttivi o comunque da un loro uso relativamente autonomo (come appunto nel servaggio).

Con molto acume Balibar ha capito come uno dei fondamentali problemi attorno a cui Marx s'è spesso arrovellato senza mai trovare una soluzione definitiva o quanto meno convincente, e per il quale oggi ci vorrebbe un nuovo Marx, che riprendesse le tesi di Gramsci e che avesse nel contempo una grande padronanza della scienza economica, è stato il seguente: "la storia della separazione tra il lavoratore e i mezzi di produzione non ci dà il capitale monetario [e qui Balibar riporta la domanda cruciale di Marx: "di dove vengono originariamente i *capitalisti*? Poiché l'espropriazione della popolazione rurale crea *in via immediata* soltanto dei grandi *proprietari fondiari*"]; da parte sua la storia del capitale monetario non ci dà il lavoratore 'libero'" (p. 302).

Ovviamente ogni storico sa benissimo che nell'ambito delle leggi specifiche del servaggio e della rendita feudale non è mai esistita da alcuna parte una "espropriazione della popolazione rurale" che permettesse di generare dei "grandi proprietari fondiari". Si era "grandi proprietari" in rapporto diretto alla grandezza della popolazione da sfruttare, e la rendita non permetteva comunque uno sfruttamento che andasse oltre un certo fabbisogno naturale.

Quando l'esproprio ha cominciato a verificarsi in maniera così drammatica si era già in presenza, da qualche parte, di processi di produzione che si ponevano in antagonismo con quelli classici della rendita feudale. L'espropriazione dei contadini è la risposta capitalistica di un proprietario fondiario (il *gentleman*) che vuole continuare a vivere di rendita in forme e modi diversi, ma non è esattamente questo che fa nascere il capitalismo, anche se certamente contribuisce a svilupparlo.

Un atteggiamento del genere presuppone già una rivoluzione economico-commerciale (che nel XVI sec. era sicuramente presente in Olanda e nelle Fiandre in particolare), ma anche una rivoluzione *culturale*, non trattata nel suddetto cap. XXIV, ove non si prendono in esame le idee della Riforma (da John Wycliffe sino al calvinismo scozzese più radicale). "La formazione delle fortune mobiliari è prodotta dal capitale commerciale e da quello finanziario il cui movimento avviene fuori di queste strutture, 'marginalmente'..." (p. 302) – così Balibar.

La seconda parte di ciò che scrive non è meno vera. La storia del capitale monetario (in cui può essere coinvolta una determinata zona geografica non europea: p.es. la Cina, l'India o il mondo islamico) non ci dà il lavoratore "libero". Infatti la "libertà giuridica" sembra essere un connotato specifico della formazione capitalistica: l'operaio può essere "sfruttato" appunto in quanto persona "libera". Il capitalismo concede una libertà "formale" per poter imporre una diversa schiavitù sostanziale, quella salariata.

Una rivoluzione del genere - qui bisogna dirlo senza equivoci, ma Balibar non lo dice -, che è insieme sociale e culturale, poteva essere compiuta solo nell'ambito di un'ideologia che nel contempo avesse *radici cristiane e posizioni anti-cristiane*.

La tesi che sosteniamo è dunque la seguente: il tradimento di queste radici cristiane raggiunse l'apogeo col protestantesimo, specie nella sua variante calvinista, ma esso era iniziato molto tempo prima, con la stessa separazione del cattolicesimo-romano dall'ortodossia greco-bizantina; separazione che è avvenuta intorno al Mille, ma le cui basi erano state poste alcuni secoli prima, con la creazione del Sacro Romano Impero d'Occidente (sulla base del compromesso tra i Franchi e la Chiesa di Roma), con la creazione del potere temporale del papato e con la revisione ideologica delle fondamentali tesi cristiane (a partire dal *Filioque*).

Dice Balibar, chiosando con grande acume Marx: "gli elementi di cui si fa la genealogia hanno esattamente una collocazione 'marginale', cioè a dire *non determinante*" (p. 303). Il capitalismo, in altre parole, nasce in virtù di elementi che nell'ambito del feudalesimo sono del tutto marginali rispetto al modo di produzione dominante e che pur tuttavia riescono a scardinarlo; e riescono a farlo - qui sta la stranezza - dapprima in un contesto geografico che sul piano culturale era relativamente omo-

geneo (l'area protestante del Nord-Europa e degli Stati Uniti), e seconda-
riamente nell'area cattolica di tutti gli altri paesi europei, che ad un certo
punto s'è vista indotta ad accettare la svolta.

La conclusione di Balibar si pone solo come occasione di ulterio-
ri approfondimenti, perché in sé non è sufficiente a chiarire i passaggi
culturali che hanno portato alla nascita del capitalismo. Lui stesso lo
dice: "nell'analisi dell'accumulazione originaria non abbiamo tratto tutte
le conseguenze" (p. 305).

Scrive, in particolare: "la formazione del modo di produzione capitalistico è totalmente indifferente all'origine e alla genesi degli elementi
di cui abbisogna, che essa 'trova' e 'combina'" (p. 304).

Questo è vero sino a un certo punto, proprio perché la differenza
si pone nel *modo* di "combinare" gli elementi: un "modo" che, a sua volta, deve riflettere un "criterio" o una forma di rappresentazione teorica
della realtà ben specifica e nient'affatto irrilevante. Se queste forme non
sono ancora state trovate è perché si è andati a cercarle in luoghi sbaglia-
ti, in cui fosse visibile, evidente, il nesso tra teoria e prassi capitalistiche.
In realtà i nessi, i fili che collegano le entità sono invisibili e vanno cer-
cati in quelle espressioni del pensiero che solo *indirettamente* producono
effetti sulle relazioni sociali, sul comportamento degli individui, sul co-
stume, sui modi di pensare...

Queste forme di pensiero sono squisitamente *teologiche* e vanno
cercate in tutta quella produzione ideologica che va appunto, come si diceva, dall'elaborazione del *Filioque* sino alla Riforma protestante (i dog-
mi cattolici successivi alla Riforma costituiscono solo un tentativo mal-
destro della chiesa romana di sopravvivere come istituzione feudale in un
modo sempre più borghese).

Il lavoro da fare è immane e potrà essere svolto solo da un'*équi-
pe* di intellettuali che partano da presupposti scientifici appartenenti non
solo all'*umanesimo laico* ma anche al *socialismo più democratico*, intellettuali capaci di analizzare la *struttura* come Marx e la *sovrastruttura*
come Gramsci.

*

La seconda parte del testo di Balibar (prima del paragrafo 4, che
è il più interessante) riflette in un certo senso i limiti politici del marxismo occidentale e quindi l'esigenza che ad esso venga associato il grande
contributo del leninismo, poiché quest'ultimo ha capito, meglio di ogni
altra corrente, che il marxismo non è solo una critica del capitalismo ma
anche una prassi politica per realizzare il socialismo.

Balibar non può nascondersi che nel cap. XXIV del *Capitale*, ancorché si lasci indefinito il modo di realizzare la transizione, vi sono passi che possono essere interpretati nel senso di una progressiva evoluzione dal capitalismo al socialismo, fatta salva la *conditio sine qua non* della garanzia del processo, e cioè l'esproprio della proprietà privata capitalistica.

Ebbene, su questo - come noto - il leninismo è sempre stato categorico: l'espropriazione dei capitalisti può essere solo il frutto di una consapevole rivoluzione, quanto cruenta o incruenta solo il livello di resistenza degli stessi capitalisti potrà deciderlo.

Le contraddizioni strutturali del capitalismo - si chiede Balibar, all'inizio degli anni '70 - possono essere il "motore" del suo superamento? (p. 307) Sì, ma a condizione che nello stesso tempo si formi un soggetto rivoluzionario che le sappia svolgere nella maniera più democratica possibile. Sarebbe infatti insensato pensare a un processo automatico di transizione, quando la stessa nascita del capitalismo ha comportato, da parte della borghesia, notevoli battaglie teoriche e pratiche contro il feudalesimo e il clericalismo.

Balibar vuole qui giustificare i ritardi della transizione, limitandosi a dire che la tendenza al superamento del capitalismo "si realizza solo *alla lunga*" (p. 308). E poi prosegue dicendo che esiste una legge obiettiva (quella della caduta tendenziale del saggio di profitto) che pur portando al superamento del capitalismo, di fatto viene ostacolata da "circostanze esterne che non dipendono da essa e la cui origine rimane (per il momento) inspiegata" (p. 308).

Queste "circostanze esterne" dipendono in realtà dall'assenza di un vero movimento rivoluzionario, ovvero dalla presenza di rapporti imperialistici così forti tra Occidente e Terzo Mondo, da rendere la coscienza rivoluzionaria prigioniera di tali rapporti. Gli intellettuali occidentali più progressisti sanno che il capitalismo va superato, ma non si pongono il problema di *come farlo*, perché la loro condizione sociale, nei rapporti imperialistici, è analoga a quella di una classe di privilegiati, in grado di vivere un'esistenza più o meno agiata.

Balibar in sostanza è convinto che occorra attendere l'acuirsi della suddetta caduta tendenziale dei profitti: cosa che inevitabilmente porterà ad aumentare il grado di sfruttamento del lavoro e il livello di concorrenza tra i capitali e quindi, se l'estensione della scala della produzione avrà raggiunto limiti insuperabili (quali siano però non viene specificato), il rischio reale di conflitti insanabili tra le classi.

Il fatto è però - lui stesso lo dice - che il capitale sembra essere in grado di risolvere i guasti della propria struttura attraverso periodiche crisi di riproduzione, realizzando così una sorta di relativo equilibrio (fino alla prossima drammatica crisi). Tuttavia, dice ancora Balibar, l'equilibrio è solo apparente: i limiti del capitale sono in realtà quelli del capitale stesso, che paiono essere risolti - e qui Balibar riprende Marx - solo perché vengono posti "su scala nuova e più alta".

*

Nell'ultimo paragrafo: *Caratteristica delle fasi di transizione*, Balibar sostiene che Marx, nel cap. XXIV, ha descritto le *origini* ma non gli *inizi* del capitalismo. Sembra un sofisma, ma ha ragione, perché in quel capitolo non c'è un'analisi vera e propria della transizione dal feudalesimo al capitalismo. Le *enclosures*, p.es., vengono imposte quando la mentalità dei *landlords* era *già* sostanzialmente di tipo borghese. Lo stesso Marx afferma che, mentre la vecchia nobiltà feudale era stata inghiottita dalle grandi guerre feudali (qui si devono presumere quella esterna dei Cento Anni con la Francia [1337-1453] e quella interna delle Due Rose [1455-85]), la nuova nobiltà, invece, "era figlia del proprio tempo per il quale il denaro era il potere dei poteri" (Marx): di qui l'esigenza di trasformare i campi arativi in pascoli per le pecore. Col che però egli non spiega come essi si fossero formati tale "mentalità".

Tuttavia Balibar pensa che si possano trovare gli "inizi" del capitalismo nella *manifattura*, che in effetti fu presente anche in Italia, dove però il capitalismo industriale nascerà tre secoli dopo.

Secondo noi si può dire quel che si vuole sulle differenze di "forma" tra manifattura e industrializzazione capitalistica: resta comunque fuor di dubbio che con la manifattura era già stata posta in essere una decisione consapevole in direzione del capitalismo, cioè in direzione di una netta fuoriuscita dal modo di produzione feudale. Tant'è che già con la manifattura si ha a che fare con produttori totalmente privi di proprietà, ancorché sfruttati sulla base delle loro specifiche competenze o abilità e non sulla base di un processo produttivo le cui dinamiche fossero a loro del tutto estranee.

Nella manifattura il lavoratore è ancora padrone (in senso morale) della macchina (a volte anche in senso materiale, se la manifattura non è concentrata in un unico luogo); nel capitalismo è sempre vero il contrario. La manifattura è una forma di transizione verso il capitalismo industriale: a noi invece interessa una forma di transizione dal servaggio al lavoro salariato in cui l'elemento *culturale* abbia giocato un ruolo chiave di *legittimazione*, ne fossero o no consapevoli i protagonisti.

Molto più interessante, in tal senso, è l'affermazione di Balibar secondo cui nei processi di transizione coesistono differenti modi di produzione che potrebbero essere oggetto di un'analisi sincronica di una futura ricerca marxista (p. 331). Ricerca che però noi non abbiamo mai visto, a parte qualche spunto offerto dalle ricerche di Groethuysen, Weber, Fanfani e altri ancora, che sicuramente marxisti non erano.

È evidente infatti che se il capitalismo si è sviluppato nel Medioevo, ciò è potuto avvenire perché ad un certo punto quel che era un'*eccezione* è diventata una *regola* e, diventando tale, essa ha finito col modificare radicalmente tutte le forme dell'attività produttiva dominante in precedenza.

Un'analisi sincronica del genere dovrebbe altresì sviluppare il fatto che la borghesia, per imporsi come classe, si è servita del *diritto* e della *politica* dello Stato come arma di offesa ideologica nei confronti della popolazione interna alla propria nazione ed esterna (nelle colonie), a testimonianza che il borghese, come soggetto economico, ha saputo far leva su intellettuali e politici non meno borghesi di lui (cfr p. 330).

Non ha più senso studiare la storia della formazione delle monarchie nazionali dal punto di vista meramente politico (o politico-religioso, in riferimento alle infinite guerre di religione che devastarono l'Europa). Occorre avere una visione *sincretica* e mettere sullo stesso piatto della bilancia gli aspetti sociali, culturali e politici.

Conclusioni

Nell'analisi del feudalesimo gli storici pongono lo spartiacque che divide l'alto dal basso intorno al Mille, allorché effettivamente si verificò una rivoluzione culturale di tipo borghese.

In realtà questa rivoluzione è stata resa possibile perché la chiesa romana aveva posto le basi, già col conferimento (abusivo) del titolo di imperatore del Sacro Romano Impero a Carlo Magno, ai fini di un progressivo distacco politico, amministrativo e ideologico dal mondo bizantino-ortodosso.

Se non si comprende che la rivoluzione economica borghese è stata non ovviamente prodotta ma comunque resa possibile dalla involuzione politico-ideologica della chiesa romana, che ha spezzato l'unità imperiale cristiana sotto tutti i punti di vista, noi, sul piano *culturale*, non avremo mai le coordinate spazio-temporali della transizione dal feudalesimo al capitalismo.

Soprattutto non si riuscirà mai a comprendere il motivo per cui al porsi di determinate condizioni economiche favorevoli al sorgere o allo sviluppo del capitalismo, può di fatto accadere anche un regresso verso forme di produzione para-feudali, di cui l'Italia controriformista costituisce l'esempio più eclatante.

La recrudescenza del feudalesimo nell'Europa orientale alla fine del XV sec. è appunto la dimostrazione che in quei territori non erano state ancora poste le basi di un'autentica rivoluzione *culturale*.

È vero, l'Italia umanistica e rinascimentale aveva posto ampiamente tali basi, e tuttavia qui la classe borghese ha rivelato la sua pochezza nel momento in cui non ha saputo trasformare le proprie conquiste culturali in una battaglia politica contro la reazione clerico-feudale. Se l'Umanesimo e il Rinascimento avessero lottato politicamente è probabile che non ci sarebbe stata neppure una Riforma protestante. In Italia poi l'ideologia umanistica era già talmente evoluta da considerare come irrilevante una "riforma" della "religione cattolico-romana", in quanto si considerava già ampiamente sufficiente una separazione degli ambienti laici da quelli religiosi.

Tutta la cultura del '400 e del '500 (e quella scientifica del '600), ma anche certa cultura del '300 (si pensi a Marsilio da Padova, cui John Wycliffe s'ispirò) era chiaramente orientata a tenere separati i campi d'indagine e d'intervento, e solo per esigenze di opportunità politica si ammetteva la possibilità di un compromesso con le istituzioni ecclesiastiche.

Gli intellettuali italiani avevano raggiunto livelli culturali incredibilmente elevati per quei tempi, specie in relazione alle esigenze della *laicità*, e solo a motivo del loro distacco aristocratico dalle masse non si riuscì a tradurre politicamente le loro conquiste culturali e scientifiche. Probabilmente l'Italia, se avesse avuto questo coraggio, sarebbe giunta, prima di altri paesi europei, a realizzare il capitalismo industriale, proprio perché la maggior parte di questi intellettuali nutriva idee di stampo borghese.

Il fatto che ciò non sia avvenuto, se non secoli dopo, deve farci riflettere. È stato forse un bene per l'Italia essere giunta relativamente tardi al capitalismo, visto e considerato che in Inghilterra questa introduzione comportò dei rivolgimenti che dir "tragici" è poco? È stato forse un bene per l'Italia non essere arrivata a tempo debito al capitalismo e aver continuato, in maniera anacronistica, sulla strada del tardo-feudalesimo? (Si badi: l'anacronismo non rispetto al capitalismo delle altre nazioni: Olanda, Inghilterra..., ma rispetto alle palesi contraddizioni dello stesso feudalesimo, che gli intellettuali italiani avevano preso a contestare sin dal secolo XI).

Che possibilità reali aveva l'Italia umanistica e rinascimentale o anche quella controriformistica di realizzare una riforma del feudalesimo senza finire nelle contraddizioni antagonistiche del capitalismo? Esistono in tal senso delle testimonianze documentate che ci autorizzano a formulare un'ipotesi del genere?

Può essere considerato storicamente giustificabile (a prescindere dalle forme oppressive in cui ciò di fatto si è manifestato) l'accettazione, da parte della società italiana del '600, dei rapporti politici dominanti, orientati verso il predominio delle istituzioni clerico-feudali, contro le tesi intellettuali in direzione dello sviluppo borghese dei rapporti produttivi?

Genesi e struttura del *Capitale* di Marx, secondo Rosdolsky

Secondo Roman Rosdolsky[10] Marx non fece, nel cap. XXIV, una storia vera e propria della transizione dal feudalesimo al capitalismo, in maniera ortodossa dal punto di vista della metodologia storica, semplicemente perché non ne ebbe il tempo (p. 315 n. 3).

Nei *Grundrisse* lo stesso Marx afferma che "per enucleare le leggi dell'economia borghese, non è necessario scrivere la storia reale dei rapporti di produzione", in quanto basta - aggiungiamo noi - la *fenomenologia dell'economia*. E tuttavia Marx si era proposto di fare anche un lavoro di ricerca storica vera e propria.

Senonché Rosdolsky, secondo noi, ha sottovalutato la difficoltà di Marx, in quanto per poter fare una vera storia dell'economia (della transizione al capitalismo) occorre un approccio storico che non può privilegiare l'economico su tutto. A Marx ha sempre fatto difetto l'analisi *integrata* degli aspetti culturali con quelli sociali ed economici del capitalismo, specie in relazione alle origini *storiche* di quest'ultimo.

*

Interessante la sottolineatura che Rosdolsky fa circa un'apparente contraddizione di Marx, relativa al fatto che in alcuni testi, elencando le epoche della storia economica, egli comincia non col comunismo primitivo ma coi modi di produzione asiatici, mentre in altri fa discendere tutta la storia della civiltà dal comunismo primitivo (la proprietà comune naturale spontanea), ribadendo che questa è la forma originaria (*Urform*) riscontrabile in Asia, presso gli antichi romani, presso gli slavi e i germani, i celti ecc. (n. 17 di p. 321). Cioè a dire per Marx non è mai esistito un modo di produzione asiatico particolare, che non rientrasse in quelli già enumerati: comunismo primitivo, schiavismo, servaggio, capitalismo e socialismo.

Rosdolsky però avrebbe dovuto sottolineare due cose: 1) che al tempo di Marx gli studi sul comunismo primitivo erano poco significativi (stando almeno a quanto dice Engels), 2) che Marx ha sempre ritenuto *necessario* il passaggio dal comunismo primitivo alle civiltà: il che ha

---

[10] Testo di riferimento: Roman Rosdolsky, *Genesi e struttura del Capitale di Marx*, ed. Laterza, Bari 1971.

sempre reso limitata la sua analisi storica del processo di transizione dal capitalismo al socialismo.

*

Rosdolsky ha ben capito che Marx s'è arrovellato tutta la vita senza trovare una soluzione soddisfacente al seguente problema: il capitalismo non viene dalla proprietà fondiaria, né dalle corporazioni, ma dal patrimonio mercantile e usurario. È un prodotto della circolazione monetaria avanzata. Tuttavia la circolazione è solo uno dei presupposti, non l'unico, altrimenti il capitalismo si sarebbe dovuto formare anche nell'antica Roma, a Bisanzio ecc. Dunque come spiegare l'arcano?

Nella n. 26 di p. 323 Rosdolsky riporta una frase molto importante di Marx, presa dal libro III del *Capitale*: il capitalismo è il prodotto dello sviluppo del capitale commerciale, ma anche di "altre circostanze". Scrive Rosdolsky: "non fu dunque la ricchezza monetaria in quanto tale, ma il processo storico della separazione dei mezzi di produzione dal lavoro e dal lavoratore, a fare dei mercanti e possessori di denaro dei secoli XV-XVII dei capitalisti" (p. 324).

Tuttavia, il processo se è "storico" non può essere solo "economico": è anche sociale, culturale e politico. Solo allorché questo processo ebbe raggiunto "un certo stadio" - dice Marx - si verificò la nascita del capitalismo. Può questo stadio essere misurato con un metro meramente *quantitativo*? Secondo noi no. Non possono essere state determinazioni quantitative progressive a generare una nuova qualità, poiché qui si ha a che fare con una qualità troppo diversa. Tra schiavismo e servaggio le varianti sono infinitamente minori rispetto a quelle tra servaggio e lavoro salariato.

Marx ha individuato un processo storico di dissoluzione del modo di produzione feudale, ma non ne ha individuato gli intrecci tra riflessione culturale e produzione economica. Egli ha cercato in tutti i modi di evitare che nelle sue analisi economiche si rischiasse di cadere nel circolo vizioso di cui parla nel cap. XXIV del *Capitale* (vedi n. 30 di Rosdolsky). Ma non si può uscire da questo circolo senza uno studio approfondito dei possibili nessi tra una cultura teologica non ancora espressamente protestante e una prassi economica non ancora espressamente borghese. Qui c'è uno scarto che va ancora colmato.

Le origini culturali del capitalismo sono nell'individualismo, che nella società feudale era rappresentato dai vertici della gerarchia cattolico-romana (culturalmente superiore ai vertici delle popolazioni cosiddette barbariche) e quindi dalle elaborazioni teologiche degli intellettuali che hanno giustificato quell'individualismo.

Il processo di separazione del produttore dai suoi mezzi di produzione è potuto avvenire perché la chiesa romana aveva già realizzato il processo di separazione dei propri vertici gerarchici dall'ecumene cristiano: il che la mise in grado di tollerare, al proprio interno, in maniera lenta ma progressiva, lo sviluppo di una prassi economica che di cristiano aveva sempre meno, quella prassi che porterà alla nascita della figura del mercante medievale, che diventerà, col tempo, sempre più borghese e sempre meno cristiano.

Questa prassi non era dominante nel Medioevo, però la chiesa romana assunse un atteggiamento sempre più benevolo, sempre più concessivo, di fronte alle continue richieste di autonomia e di profitto privato dei mercanti, finché il processo le sfuggì di mano. Quando si accorse che la classe mercantile poteva minacciare il suo potere politico, era troppo tardi per tornare indietro, e i tentativi di fermare la storia indirizzata verso il trionfo del capitale, come p.es. la Controriforma, non fecero che ritardare di secoli un processo che, stante quelle condizioni, doveva comunque imporsi.

Ernest Mandel e il *Capitale* di Marx

Ernest Mandel, nel suo voluminoso *Trattato di economia*, parte subito male, almeno relativamente alla tesi che ci preme dimostrare: "Il sovrapprodotto agricolo è la base di ogni sovrapprodotto e quindi di ogni civiltà" (p. 163)[11]. Anche in queste affermazioni apparentemente banali possono celarsi non pochi limiti.

Attribuire la nascita delle *civiltà*, cioè di formazioni sociali basate sulla divisione in classi contrapposte, a una mera questione quantitativa, a sua volta determinata da un puro e semplice progresso tecnologico, significa non comprendere il dramma del passaggio dal comunismo primitivo alle civiltà. Non c'è stata evoluzione ma *rottura* tra le due formazioni sociali. Altrimenti noi non riusciremmo a spiegare storicamente, se non affidandoci al caso (che è categoria utile per miti e leggende), il motivo per cui il capitalismo non sia nato in paesi non europei.

A dir il vero Mandel sa bene che "il sovrapprodotto agricolo, fornito sotto forma di lavoro non pagato o di *corvée*, appare agli albori di qualsiasi società di classe" (ib.). Però questo non può significare che nelle formazioni tribali non potesse esistere surplus agricolo, né che questo surplus, in dette formazioni, fosse il frutto di un pluslavoro non retribuito. Un marxista non dovrebbe far coincidere la *quantità* con la *qualità*.

L'eccedenza, il surplus (in questo caso alimentare) non sta di per sé ad indicare la presenza di un conflitto di classe, di un antagonismo sociale. Altrimenti saremmo costretti a dire che la tecnologia può svilupparsi solo in contesti conflittuali: il che per milioni di anni non è mai stato. Non c'è nulla sul piano quantitativo che possa giustificare la presenza di questa o quella qualità. Neanche un'automazione completa della produzione industriale può supporre, di per sé, la presenza di un capitalismo avanzato.

Mandel sbaglia anche in un'altra cosa, là dove dice che "l'incremento progressivo della produzione agricola è accaparrato dai signori che, per parte loro, la vendono al mercato. Ma per la stessa ragione la gran massa della popolazione non è in grado di acquistare prodotti artigianali fabbricati nelle città. Questi prodotti restano dunque, soprattutto, prodotti di lusso. La ristrettezza del mercato limita all'estremo lo sviluppo della produzione artigianale" (p. 165).

---

[11] Testo di riferimento: Ernst Mandel, *Trattato marxista di economia*, ed. ErreEmme, Roma 1997, vol. I, cap. 4 ("Lo sviluppo del Capitale").

Qui dunque si è già in presenza di una civiltà in cui la città è più importante della campagna: infatti il "signore" vuol subito vendere le eccedenze sul mercato per acquistare prodotti artigianali di lusso, mentre il contadino, da parte sua, avrebbe bisogno di fare la stessa cosa per ottenere "prodotti artigianali urbani" per il proprio fabbisogno.

Una situazione di questo genere è *già* di tipo *capitalistico* e non feudale o pre-capitalistico, in cui si poteva ugualmente avere un rapporto col mercato senza per questo dover subordinare il valore d'uso al valore di scambio. Non è vero - come dice Mandel - che "il carattere di queste civiltà è fondamentalmente agricolo" (p. 166). Quando c'è "dipendenza" dal mercato, la produzione agricola è inevitabilmente di tipo capitalistico o quanto meno mercantile.

Infatti, in tutte le civiltà pre-capitalistiche il contadino era anche artigiano o comunque poteva ottenere dall'artigiano della comunità del proprio villaggio ciò di cui aveva bisogno e per la manutenzione del quale fruiva di una relativa autonomia, essendo il funzionamento della tecnologia alla sua portata.

Non era la "ristrettezza del mercato" che "limitava" la produzione artigianale; questa semmai era in rapporto ai bisogni tecnologici di una produzione agricola basata sull'*autoconsumo*. Il passaggio dall'auto-sussistenza alla dipendenza dal mercato non è avvenuto per motivi contingenti, per sviluppi di tipo quantitativo, per cause di tipo tecnologico o per un aumento improvviso o progressivo di bisogni vitali. Niente di tutto questo (se non in via eccezionale e transitoria) è in grado di spiegare il dramma di una transizione che il mondo contadino ha vissuto come un'imposizione.

Se un contadino fosse costretto a cercare sul mercato ciò che gli occorre per la sua economia di autoconsumo, non avrebbe bisogno di aspettare la trasformazione della rendita in natura in rendita in denaro, per sentirsi "sconvolto da cima a fondo" (p. 166).

Il giudizio che Mandel dà dell'economia feudale è decisamente negativo. Si tratta di "un'economia naturale e chiusa" (ib.), come se ciò che è "naturale" sia di per sé "chiuso", nel senso di "ristretto", "limitato", "rozzo", "primitivo"...

"La vita economica esce dal suo torpore secolare - dice Mandel - e dal suo relativo equilibrio per diventare dinamica, squilibrata, spasmodica" (ib.). "Torpore secolare" e "relativo equilibrio" sono qui stranamente equivalenti: perché dunque passare dall'"equilibrio" allo "squilibrio"? In realtà per Mandel il concetto di "equilibrio" indica solo "staticità", "fissità", "povertà" a tutti i livelli (tecnologici, economici, culturali...). Solo il capitalismo è "dinamico": è questo il primo aggettivo usato. Il fatto che sia anche "squilibrato", "spasmodico" rientra nel suo "dinamismo".

Più interessante invece il fatto che Mandel dica che "la trasformazione del sovrapprodotto agricolo da rendita in natura in rendita in denaro non è il risultato inevitabile dell'espansione del commercio e dell'economia monetaria, ma risulta da *rapporti di forza dati tra le classi*" (p. 167). E qui cita Postan: "in mancanza di una grande riserva di liberi lavoratori senza terra e al di fuori delle garanzie legali e politiche dello Stato liberale, l'espansione dei mercati e l'aumento della produzione possono portare piuttosto al rafforzamento delle *corvées* che al loro declino" (ib.).

Questo è vero, ma andava spiegato diversamente. Non basta parlare di "rapporti di forza tra le classi". La forza di questo scontro "fisico" (politico-militare) si è basata anche sulla forza delle *idee*, che Mandel però neppure vede. Se lo sviluppo del mercato porta al rafforzamento delle tradizionali *corvées*, significa che il conflitto non è solo tra "signori" e "contadini", ma anche tra "signori" e "borghesi" e che in questo conflitto un ruolo decisivo viene giocato dall'*ideologia*, perché se il borghese riesce a convincere il contadino che è meglio per lui emanciparsi dal servaggio, mettersi in proprio, trasferirsi in città e trasformarsi in borghese come lui..., nessuna coercizione extra-economica sarà in grado d'impedire questo passaggio di mentalità e questa possibilità di mutamento della condizione sociale.

Mandel però non è interessato alle motivazioni culturali: gli basta sapere che le classi possidenti, "in cambio della parte del sovrapprodotto agricolo che non arrivano a consumare direttamente, possono acquistare prodotti di lusso, gioielli, utensili domestici di grande valore e bellezza, che tesaurizzano per acquistare un prestigio sociale e per sentirsi sicure in caso di catastrofi" (p. 169).

Dunque delle due l'una: o questi possidenti avevano un'inconscia psicologia borghese che attendeva la nascita del mercato per venire alla luce, oppure la mentalità borghese, propagandata ai quattro venti, doveva per forza aver condizionato anche loro. Ma se è vera la seconda, perché Mandel preferisce la prima, che da un punto di vista storico ha un valore uguale a zero?

Queste classi tardo-feudali chiedono di comprare sul mercato cose di cui fino a quel momento avevano potuto fare a meno, o comunque sono disposte a sconvolgere dalle fondamenta l'economia che fino a quel momento aveva loro garantito introiti sicuri, soltanto per il gusto di avere degli oggetti di lusso, e per di più da parte di una classe sociale nei cui confronti nutrono solo sentimenti di disprezzo.

Mandel non si rende conto che anche per i nobili, non meno che per i contadini (ovviamente in gradi e forme diverse), fu un trauma la nascita e lo sviluppo del mercato capitalistico, e che ben pochi di loro furono in grado di adattarsi a questa dipendenza economica. Altro che acquistare prodotti "per sentirsi sicuri in caso di catastrofi"! La catastrofe era già arrivata, ed era quella di dover spartire il potere con una nuova classe sociale. La nobiltà semmai fu responsabile del fatto che pretendeva di avere i vantaggi del capitalismo facendone pagare il prezzo ai contadini. Cioè nel momento della minaccia non vide nel contadino un possibile alleato in funzione anti-borghese, ma una bestia da soma da sfruttare più di prima.

Tuttavia la cosa più strana nell'analisi di Mandel è un'altra, ed è il fatto che, secondo lui, la classe borghese s'arricchisce a dismisura proprio in conseguenza del fatto che quella feudale acquistava delle merci sul mercato per un puro e semplice godimento personale, senza mai pensare a produrre, investire, capitalizzare... (p. 171). Cioè sembra che i nobili abbiano assunto una mentalità da figliol prodigo, causata da un capitalismo che in realtà doveva ancora nascere! Questi nobili feudali si comportano come i "signori" e "possidenti" d'ogni epoca storica o civiltà, salvo che, in questo caso, il loro sperpero, il loro consumo fine a se stesso fa arricchire smisuratamente una categoria di persone molto più furba di loro, al punto che farà nascere una nuova civiltà, che manderà a picco quella precedente. "Il denaro viene accumulato per fruttare plusvalore" (p. 171). Come se dallo "sperpero" al "plusvalore" non ci fosse in mezzo un'altra miriade di passaggi da fare!

I borghesi non sono diventati capitalisti solo perché non lo sono diventati i signori feudali: non è stata una questione di opportunità, di occasioni. In Inghilterra p.es. lo diventarono contemporaneamente: la piccola e media nobiltà, a differenza di quella grande, acquisì velocemente la mentalità borghese. Qui entrano in gioco dei processi culturali di cui Mandel non sospetta neppure l'esistenza (e chissà perché questo suo limite lo si ritrova anche in tutto il marxismo della IV Internazionale).

Gli stessi borghesi non avrebbero potuto diventare capitalisti semplicemente limitandosi a vendere per il mercato. Occorreva un insieme di fattori che sono nel contempo sociali, culturali e politici. Una storia dell'economia che non prendesse in esame gli elementi extra-economici, avrebbe lo stesso valore di una storia meramente politica o meramente religiosa. Se Mandel l'avesse fatto, non avrebbe mai detto che "la prima forma con cui il capitale si presenta in un'economia ancora fondamentalmente naturale, agricola, produttrice di valori d'uso, è quella del capitale usurario" (p. 172).

Questa non è la prima forma di capitale ma la seconda, perché la prima resta sempre quella del capitale commerciale o mercantile, che è *legale*. L'usura acquista un certo potere solo nelle civiltà dove esiste già un certo capitale commerciale o mercantile, e non tanto o non solo per l'ovvia ragione che non c'è usura senza denaro (se non in forme limitate), quanto perché la mentalità usuraia è una conseguenza di quella mercantile. L'usuraio, che nelle civiltà è sempre esistito, non è mai un capitalista ma un semplice commerciante di denaro: se diventa capitalista smette di essere usuraio. Contro di lui la chiesa feudale inventò i monti di pietà, molti dei quali, poi, si trasformarono in banche (ed entrambi, per molti versi, si trasformarono in usurai legalizzati). Peraltro i prestiti in natura in cambio di un interesse si fa fatica a definirli "usurari", poiché c'è usura solo quando il prestito stesso è un modo per far fallire chi lo riceve. Il fine dell'usura non è tanto quello di riottenere un rimborso del prestito maggiorato di un interesse esoso, quanto quello di mettere sul lastrico la persona indebitata per spogliarla di tutto (fino a schiavizzarla, come spesso succedeva nel passato, ma potrebbe benissimo accadere anche oggi).

Una mentalità del genere poteva essere solo un'eccezione persino nelle società dove il capitale commerciale era molto avanzato. Se diventava la regola, ed era comunque una regola illegale, anche le persecuzioni o le ritorsioni, non meno illegali, contro gli usurai lo diventavano, senza che nessuno avesse da ridire qualcosa. Nell'antico popolo ebraico l'usura veniva tollerata solo nei confronti degli stranieri.

Mandel dà troppa importanza al capitale usurario, ed è costretto a farlo non avendo argomentazioni di tipo culturale. È molto raro che un usuraio diventi capitalista, perché l'usuraio non ama rischiare i propri capitali. Anche un usuraio ricchissimo non andrebbe mai oltre l'investimento immobiliare o comunque diversificherebbe l'investimento del proprio patrimonio guardandosi bene dall'impegnarsi direttamente a livello industriale. L'usura, in genere, distrugge il tessuto economico, non crea alcunché.

Viceversa il capitalista ha bisogno di sfruttare legalmente la forza-lavoro di operai formalmente liberi, i quali potrebbero anche coalizzarsi e ribellarsi. Per un'operazione del genere ci vuole tutt'altra mentalità e cultura.

Mandel sostiene che il capitale usurario "ripiega verso gli strati oscuri della società, in cui sopravvive per secoli a spese della gente minuta" (p. 176), solo *dopo* che si è generalizzata l'economia monetaria. In realtà l'usura non ha un *prima* o un *dopo* nei confronti dell'economia monetaria. L'usura, nelle civiltà, coesiste sempre con l'economia ufficiale, dominante, che può essere prevalentemente agricola o basata sulla circolazione monetaria. L'usura aumenta all'aumentare delle crisi sociali ed economiche e tende a diminuire quando la società intera, le sue istituzioni, prendono provvedimenti contro le crisi (utilizzando generalmente i conflitti bellici, le dittature politiche, ma anche il credito agevolato).

*

Anche sull'origine del capitale mercantile Mandel è esagerato, come tutti quelli che affrontano la realtà in maniera schematica, semplicistica. A suo parere l'accumulazione primitiva di capitale monetario proviene da due fonti principali: "la pirateria e il brigantaggio, da un lato, l'appropriazione di una parte del sovrapprodotto agricolo o persino del profitto necessario del contadino, dall'altro" (p. 176).

Questa però non può essere stata un'accumulazione *primitiva* che ha trasformato il mercante in un imprenditore capitalista. Pirateria e brigantaggio non hanno mai portato, di per sé, al capitalismo; al massimo un capitalismo ancora imberbe poteva servirsene per contrastare capitalismi più maturi, nati in precedenza. I capitalismi ultimogeniti di Italia e Germania furono costretti a far scoppiare due guerre mondiali per recuperare il tempo perduto (la Spagna si accontentò, si fa per dire, di una sanguinosissima guerra civile). E per quanto riguarda l'appropriazione del surplus va detto ch'essa già suppone il capitalismo, quindi non ha nulla di "primitivo". Marx non ha mai detto cose del genere.

Mandel non si rende conto che il capitalismo ha avuto bisogno di una buona dose di legittimità storica per poter nascere e svilupparsi. Se fosse nato sulla base di un "furto" (come voleva il socialismo utopistico) ci sarebbe stata una reazione di massa. Il "furto" è senza dubbio una componente intrinseca a qualunque attività commerciale, ma è una componente "legale", che l'acquirente accetta e da cui sa di doversi difendere.

Finché i commerci restano subordinati a mercati urbani o fiere con cadenze periodiche, in cui si va a vendere il surplus o ad acquistare ciò che scarseggia o non si trova nella comunità di villaggio, la regola del "furto" può essere tranquillamente accettata: non sarà qualche raggiro subìto involontariamente che manderà a pezzi un'economia di autosussistenza. Le civiltà pre-colombiane non sono crollate quando gli spagnoli scambiavano specchietti per oggetti d'oro, ma quando gli indigeni furono costretti ai lavori forzati.

I problemi sorgono quando in virtù dell'accrescere dei commerci e dell'incapacità culturale e politica di contrastarli, l'economia di autosussistenza si trasforma progressivamente in un'economia di *dipendenza* dalle leggi di mercato. Questi processi avvengono contro le dinamiche comunitarie tradizionali, ma sotto una parvenza di legalità che inganna gli individui. È dunque assurdo sostenere sia "che i primi mercanti navigatori raccolgono il loro piccolo capitale iniziale" col brigantaggio e la pirateria (che a loro volta, se vogliamo, sono non cause ma *conseguenze* dello sviluppo del capitalismo commerciale), sia che "l'accumulazione del capitale-denaro dei mercanti italiani che dominarono la vita economica europea dall'XI al XV secolo, proviene direttamente dalle crociate" (p. 176-77).

Qui si confonde la causa con l'effetto. Il commercio si sviluppa indipendentemente dalle crociate, come il capitalismo indipendentemente dal colonialismo, anche se crociate e colonialismo furono scatenate *subito dopo*, o comunque diedero un forte impulso alla nascita del capitalismo, che ha motivazioni *interne* alla società europea, la quale, una volta basata sul commercio o sul capitalismo, tende ad impoverire la maggior parte della propria popolazione. Crociate e colonialismo furono le risposte borghesi alle contraddizioni che la stessa borghesia aveva creato nel proprio paese d'origine. La prima crociata è intorno al Mille, ma intorno al Mille si formarono anche i primi Comuni. Questo significa che la classe dei mercanti esisteva in Italia ben prima del Mille.

Peraltro Mandel dà una giustificazione delle crociate e del colonialismo, ovvero del commercio estero, del tutto sbagliata. Non sono semplici difficoltà economiche ("un commercio strettamente limitato e regolato", p. 178) che inducono a scatenare guerre commerciali che durano per dei secoli e che comportano sempre perdite colossali di uomini, risorse e mezzi, e che si rivelano davvero produttive solo dopo un certo tempo. Non ci si avventura in imprese belliche così onerose per poter avere la possibilità di smerciare "prodotti di lusso destinati alle classi possidenti" (ib.).

Crociate e colonialismo servirono piuttosto a far espatriare quelle categorie di persone che nella madrepatria risultavano eccedenti, oltre che per avere scali portuali per qualunque tipo di merce (o anche solo per mettere dei dazi per il transito delle merci, come spesso i turchi s'accontentavano di fare). E questo mercato estero ebbe bisogno di motivazioni *culturali* per essere giustificato e legittimato. Ai tempi delle crociate si proponeva di liberare il Santo Sepolcro dagli infedeli; ai tempi del colonialismo di diffondere ovunque la civiltà europea, ritenuta, grazie a scienza e tecnica, superiore a ogni altra.

Erano piuttosto i trasporti che rendevano un lusso questo commercio, ma là dove furono create delle colonie non si pensò mai a produrre qualcosa che solo poche persone avrebbero potuto comprare. Andava bene qualunque tipo di commercio che sostenesse gli ingenti costi di trasporto (equipaggio, mezzi, dogane... ivi inclusa la pirateria).

Se vogliamo dare per scontato che il commercio fosse solo per i prodotti di lusso, allora dobbiamo anche dare per scontato che il commercio non aveva ancora permeato di sé l'intera economia. Possiamo accettare l'idea del "lusso" in occasione delle crociate, in quanto l'attività dominante era quella agricola nella madrepatria, certamente non in relazione al colonialismo. E comunque resterebbe sempre da spiegare il modo in cui un'economia prevalentemente agricola sia diventata prevalentemente commerciale in virtù di un commercio estero basato sui prodotti di lusso.

Inoltre è sciocco pensare che un "grande mercante" si sforzasse "di limitare qualsiasi nuova espansione, pena il distruggere per sua stessa opera le radici monopolistiche dei profitti" (p. 181). Un atteggiamento del genere andrebbe spiegato sul piano *culturale*, perché se può essere appartenuto alle città marinare al tempo delle crociate, non è tipico della borghesia coloniale. Mandel fa citazioni di autori che sono vissuti in periodi storici diversissimi, al fine di mostrare delle analogie trasversali nello spazio e nel tempo, ma il problema è proprio questo, che per spiegare le origini del capitalismo le analogie non bastano, anzi sono fuorvianti. Marx l'aveva già capito.

Cioè anche se si volesse sostenere che i mercanti medievali accumulavano capitali per poi reinvestirli prevalentemente in beni immobili o in speculazioni di borsa o in operazioni di credito..., e che solo i loro discendenti arrivarono a investirli in attività capitalistiche vere e proprie, il passaggio da un tipo di mercante all'altro resterebbe comunque da dimostrare, perché di per sé non può essere considerato un passaggio logico o inevitabile. È tutto da dimostrare infatti che un imprenditore capitalistico, agli albori del capitalismo, avesse necessariamente origini mercantili. Cioè non è di per sé il capitale commerciale che fa nascere il capitalismo, ma una serie di circostanze (economiche, tecnologiche) in cui la *cultura dominante* (o che vuole diventarlo) gioca un ruolo chiave.

Parlare di "rivoluzione commerciale" (p. 128) solo perché si scoprì l'America o si cominciò a commerciare con India e Cina, o perché i prezzi salirono alle stelle o perché si verificarono importanti innovazioni tecnologiche, è esagerato. La Spagna, da tutto questo, non ebbe alcuna "rivoluzione commerciale", anzi sprofondò nel baratro sino al Franchismo, mentre l'Italia, che era la più avanzata d'Europa nel XVI sec., insieme all'Olanda, si bloccò sino alla fine dell'Ottocento.

Non esistono determinazioni *quantitative* che ad un certo punto producono, automaticamente, una nuova qualità. Si eredita, è vero, ciò che ci precede, ma per far nascere il capitalismo occorre porre in essere delle dinamiche *culturali* completamente diverse dal passato. P.es. la rivoluzione scientifica non è semplicemente nata per aiutare gli uomini a emanciparsi dalla religione e neppure soltanto per rispondere alle esigenze delle nuove forze produttive (commerciali prima e capitalistiche dopo). È nata anche - e da qui si comprende l'importanza della *cultura* - come risposta che l'uomo ha dato alla propria alienazione, causata dal sorgere di una nuova civiltà.

Per la prima volta nella storia delle civiltà gli uomini hanno avvertito il bisogno di non riconoscere alla natura alcuna autonomia, ma anzi di sottometterla in ogni forma e modo. L'esigenza di applicare senza ritegno il macchinismo alla natura, per sfruttarne al massimo ogni risorsa, non a caso è emersa nel momento stesso in cui gli uomini si sentivano estranei tra loro da non avere alcuno scrupolo nell'usare tutti i mezzi possibili per sfruttare il lavoro altrui.

Se non si esamina la cultura si sarà indotti a ritenere che il capitalismo non nacque nel periodo delle crociate solo perché allora mancava la tecnologia adeguata. Eppure gli spagnoli avevano una grande tecnologia per la produzione delle armi: per quale ragione non riuscirono ad applicarla per allestire fabbriche di tipo capitalistico?

In realtà sotto le crociate il capitalismo non poté nascere proprio perché la cultura borghese non era ancora sufficientemente elaborata e spregiudicata, in grado di produrre tecnologia per sfruttare il lavoro di persone formalmente libere. Non ci sarebbe mai stato il capitalismo senza riforma protestante, e là dove il capitalismo s'è imposto senza i traumi della nascita di questa riforma, è stato perché questa era stata esportata nella sua fase più avanzata e definitiva (ecco perché oggi sono gli Stati Uniti a guidare il capitalismo mondiale).

"Solo nel Giappone - dice Mandel -, i cui mercanti-pirati infestano il mare della Cina e delle Filippine a partire dal XIV secolo, e accumulano un capitale considerevole mentre contemporaneamente l'autorità dello Stato si dissolve, la supremazia borghese commerciale e bancaria sulla nobiltà e poi lo sviluppo di un capitale manifatturiero, hanno permesso di ripetere, dal XVIII secolo, cioè con due secoli di ritardo, l'evoluzione del capitalismo in Europa occidentale, indipendentemente da questo" (p. 213). Non una parola sullo *shintoismo*, questa particolare religione priva di un qualunque "ordine etico", in grado di far convivere aspetti feudali e capitalistici con grande disinvoltura.

Secondo Mandel è il capitale commerciale (tipico della colonizzazione) che trasforma il commercio di lusso (tipico del capitale mercantile) in commercio generalizzato. In realtà non si tratta affatto di un progresso nel commercio estero: p.es. una maggiore estensione delle zone geografiche (susseguente alla scoperta dell'America). Anche qui si ragiona in termini hegeliani: dalla quantità alla qualità.

Il capitalismo non nasce dal colonialismo, perché il colonialismo è una caratteristica anche dell'epoca feudale, per non parlare di quella schiavistica, dove è ancora più accentuato. Le crociate, volute dal mondo cattolico-romano, possono aver contribuito, indirettamente, allo sviluppo del capitalismo, ma solo perché hanno contribuito allo sviluppo delle *idee* che porteranno alla Riforma, senza la quale il capitalismo non sarebbe mai nato. Noi non dobbiamo dimenticare che la prima opposizione alle idee mercantili fu quella organizzata dalle eresie pauperistiche, che la chiesa cattolica, con l'aiuto dell'impero e delle forze comunali e feudali in genere, riuscì a liquidare in maniera irreversibile.

Dopo quei movimenti, che si svolgevano in una cornice di capitalismo mercantile, vi furono le guerre contadine (la più famosa forse è quella tedesca) e le rivolte degli operai salariati (a partire, in Italia, da quella dei Ciompi). Ma le idee della borghesia ebbero bisogno di tempo per affermarsi. Cioè il fatto che la chiesa eliminasse con la forza le eresie pauperistiche non sta di per sé a significare che le idee borghesi riuscirono, dopo di allora, ad avere la strada spianata. In Inghilterra, per imporsi, dovettero fare la rivoluzione nel Seicento, in Francia nel Settecento, mentre in Italia, nonostante l'Umanesimo e il Rinascimento, vi fu il regresso della Controriforma.

Questo per dire che se anche poniamo intorno al Mille la nascita delle prime idee a chiaro orientamento borghese, ci vorranno ancora 500 anni prima che si possa parlare di nascita del capitalismo. Se dovessimo guardare la storia col metro delle determinazioni quantitative, verrebbe subito da chiedersi il motivo per cui una borghesia, già cosciente di sé intorno al Mille, ci abbia messo ben 500 anni prima d'imporsi all'attenzione dell'intera società. Non era solo questione di limitatezza dei commerci o delle tecnologie; era piuttosto il fatto che la borghesia aveva bisogno di darsi delle motivazioni culturali convincenti, sufficientemente elaborate, supportate da un benessere dimostrabile, che rompessero definitivamente i ponti con la cultura cattolico-feudale, la quale, mentre sul piano politico da un lato concede e dall'altro impone, sul piano sociale è eccessivamente legata alle tradizioni del mondo contadino e nel complesso nutre degli ideali in cui religione e politica si mescolano continuamente (come nell'ebraismo e nell'islam).

Non per nulla il movimento comunale, pur essendo originato da istanze borghesi, in Italia fu spesso caratterizzato da lotte intestine di tipo ideologico-politico, tra opposte fazioni la cui identità si poneva in relazione all'accettazione o meno del primato della Chiesa sull'Impero o sugli stessi Comuni (guelfi e ghibellini, per fare un esempio). Senza riforma protestante, che non a caso per imporsi dovette fare guerre colossali contro la chiesa romana e i sovrani che la difendevano, la borghesia sarebbe rimasta inesorabilmente a livello "mercantile", rischiando, come p.es. in Italia, inaspettati regressi.

*

Un'altra delle cose singolari nell'analisi economica di Mandel è il passaggio automatico dal capitalismo commerciale all'industria a domicilio. Si noti la seguente incongruenza: "Malgrado l'estensione del grande commercio internazionale a partire dall'XI secolo nell'Europa occidentale, il modo di produzione urbano era rimasto fondamentalmente quello della piccola produzione mercantile" (p. 189).

Ora, passare all'industria a domicilio, cioè alla manifattura sparsa, significa inequivocabilmente passare al capitalismo. Cosa ha determinato questo passaggio? Ecco la risposta di Mandel: "l'aumento progressivo della popolazione e del numero degli artigiani" (p. 190). Cioè ancora una volta semplici determinazioni quantitative portano la famiglia contadina a produrre non più per se stessa ma per un mercante che la paga.

Una cosa del genere non sarebbe mai stata possibile senza emancipazione dal servaggio, ma un'emancipazione del genere ha bisogno di lotte politiche e di battaglie culturali, di cui Mandel non dice nulla.

Se non si parla di queste cose si finisce col dire sciocchezze come la seguente: "Per portare i propri prodotti a una fiera lontana, un tessitore o un ramaio deve fermare la produzione e non può riprenderla che al suo ritorno. È inevitabile che taluni di essi, in particolare i più ricchi, in grado di procurarsi un sostituto in casa, si specializzino ben presto nel commercio" (pp. 190-91).

Ragionamenti analoghi vengono fatti dai teologi quando per spiegare il peccato originale lo danno per scontato. Mentre pensa di portare i propri prodotti in fiera, l'artigiano è ancora legato al mondo feudale, ma siccome teme di dover fermare la produzione... Quale "produzione"? Ovviamente quella per il mercato. Ma allora mentre ha "timore", l'artigiano, come se potesse azionare una macchina del tempo, si ritrova a vivere qualche secolo dopo; e questo artigiano cripto-capitalista o *malgré soi* non si comporta, come sarebbe stato naturale per un *parvenu* come lui, "controllando" la produzione e mandando qualcuno a vendere le sue merci, ma fa esattamente il contrario, come se vivesse nel Medioevo!

Ma la cosa più comica è un'altra: questi artigiani - dice Mandel -

"in un primo momento portano al mercato, assieme ai loro prodotti, i prodotti dei vicini solo per rendere un servizio. Finiscono poi con l'acquistare direttamente i prodotti di una gran massa di mastri artigiani e con l'incaricarsi esclusivamente della vendita in luoghi lontani" (p. 191).

Cioè l'artigiano non solo non controlla la propria produzione, ma addirittura si trasforma in mercante, cioè smette di lavorare e di essere magnanimo, si toglie la maschera del "buonista" e comincia tranquillamente a sfruttare il lavoro altrui. Ora è diventato un mercante in grado d'impedire a dei mastri artigiani "proprietari dei loro mezzi di produzione" (p. 191), di andare a vendere i loro prodotti sul mercato. Anzi, questi mastri artigiani sono addirittura costretti a comprare la materia prima dal mercante e a rivendergliela finita o semilavorata a un prezzo irrisorio.

È davvero incredibile che un processo che ha sconvolto l'esistenza di milioni di persone, distruggendo tradizioni consolidate di secoli, sia avvenuto in maniera così naturale, senza che nessuno abbia opposto un minimo di resistenza. È forse questa la "scientificità" che l'analisi economica vuol dare alla conoscenza storica? A dir il vero Mandel parla di una certa opposizione da parte degli artigiani, ma per dire, subito dopo, che quanto più resistevano tanto più facevano il gioco dei mercanti (p. 192). Insomma la categoria della "necessità storica" viene in soccorso, ancora una volta, alla trasformazione della quantità in qualità.

"La legge ovunque è favorevole ai mercanti" - dice Mandel (p. 192), senza rendersi conto che la legge ha ostacolato l'attività dei mercanti per almeno 500 anni (nei paesi est-europei almeno sino alla fine dell'Ottocento). Tutte le battaglie furibonde tra chiesa e comuni o tra comuni e impero, ovvero tra cattolici e protestanti (esistono guerre durate 30, 100 anni) ha sempre avuto come unico scopo quello di mettere un freno all'attività della borghesia, che per le forze tardo-feudali stava accumulando troppi poteri economici e politici.

E se la legge era davvero a loro favorevole perché i mercanti si rivolgevano agli artigiani residenti in campagna? È Mandel stesso che lo dice: "per sfuggire alle regole delle corporazioni urbane e agli alti salari degli artigiani" (p. 192). Mandel ha posto una suddivisione cronologica dei fatti che lascia molto a desiderare. Questo perché la sua scelta metodologica è quella di porre una linea evolutiva tra i fatti, senza rotture significative. La sua ambizione è stata addirittura quella di mostrare che detta linea può essere estesa a civiltà e aree geografiche del tutto estranee all'Europa occidentale. Il che non ha senso, almeno per quanto riguarda la genesi del capitale moderno.

*

58

Le illogicità di Mandel cominciano a essere troppe. Ecco l'ultima prima di passare al cap. "Particolarità dello sviluppo capitalistico in Europa occidentale" (p. 205): da un lato i "mercati lontani" (p. 185) subordinano la piccola produzione mercantile al capitale monetario; dall'altro la borghesia commerciale "non investe che una frazione dei propri capitali e profitti nell'industria a domicilio" (p. 205).

Primo errore di comparazione: "Nella piccola produzione mercantile, il produttore, padrone dei mezzi di produzione e dei suoi prodotti, può vivere solo vendendo questi prodotti per acquistare mezzi di sussistenza. Nella produzione capitalistica, il produttore, separato dai propri mezzi di produzione, non è più padrone dei prodotti del suo lavoro e può vivere solo vendendo la propria forza-lavoro in cambio di un salario che gli consenta di acquistare questi mezzi di sussistenza" (p. 205).

Se la si mette così, il passaggio dall'una all'altra diventa obbligato, e la seconda appare migliore perché non "piccola" ma "grande" produzione.

Nel capitolo sopra citato Mandel non può non porsi la domanda fondamentale che Marx s'è posto tutta la vita: "Perché questa accumulazione di capitale usurario e mercantile non ha dato origine al capitale industriale in queste civiltà [pre-capitalistiche]?" (p. 207).

Tutte le risposte che dà Mandel prescindono dalle questioni *culturali* e in tal senso non servono a molto; infatti molte delle cose che dice indicano un livello culturale non "arretrato" ma "avanzato", in quanto la rinuncia ad adottare metodi di tipo capitalistico va considerata come un segno di "civiltà" superiore, dal punto di vista dei valori *etici*, soprattutto se il rifiuto era *consapevole* (questo naturalmente a prescindere dal fatto che con tale rifiuto si sono volute perpetuare forme di sviluppo socio-economico tutt'altro che democratiche).

1. Nelle civiltà extra-europee hanno fatto difetto "le forme di organizzazione intermedie tra l'artigianato propriamente detto e la grande fabbrica... l'industria a domicilio e la manifattura" (p. 207),
2. il commercio è rimasto di lusso,
3. "la schiacciante maggioranza della popolazione non partecipa alla produzione di merci" (p. 208),
4. non c'è stato sviluppo del macchinismo, che "è il solo a consentire alla grande fabbrica di spezzare la concorrenza dell'industria a domicilio e dell'artigianato..." (p. 209),
5. "il disprezzo verso il lavoro manuale" (p. 210) - cosa però riscontrabile anche nell'Europa occidentale, nelle classi colte, no-

biliari..., almeno sino allo sviluppo della borghesia,

6. "la concorrenza di una manodopera a buon mercato..." (p. 210) - che oggi invece è quella più temuta dai monopoli occidentali,

7. "l'impiego produttivo dell'energia idraulica a fini non agricoli... entrava in conflitto con le esigenze dell'irrigazione del suolo" (p. 210) - questa è una tesi che si ritrova anche in Max Weber, il quale poi la prese da Marx,

8. l'assenza di una classe, quella borghese, in grado di contrapporsi a quella dominante il cui potere è legato all'uso della terra, persino in grado di contrapporsi allo Stato: temendo confische, supertasse, persecuzioni... la borghesia non europea, invece di concentrare i capitali li disperde, tesaurizza invece di investire. E pontifica Mandel, senza capire nulla dei tentativi istituzionali di porre un freno al dilagarsi dei traffici: "Invece di progredire verso l'autonomia e l'indipendenza, marcisce nella paura e nel servilismo" (p. 212). L'unica eccezione il Giappone, di cui già si è detto.

9. Infine una motivazione che ricorda la teoria dei climi di Montesquieu: "L'agricoltura ben più primitiva dell'Europa medievale non poteva sopportare il peso di una densità paragonabile a quella della Cina o della vallata del Nilo nelle epoche di prosperità" (pp. 213-14). Questa tesi è davvero strana, poiché l'aumento della densità demografica in Europa occidentale era già consolidato intorno al Mille in relazione allo sviluppo del capitale mercantile, all'urbanizzazione, al commercio internazionale ecc. Quello stesso commercio che invece di sacrificare la piccola produzione, le aveva dato un grande impulso.

10. Mandel non dice una sola parola sui processi culturali, salvo questa piccola noticina, riferita però ai processi politici: la borghesia fece il proprio "apprendistato di lotta politica nei liberi Comuni del Medioevo" (p. 211). Come se i mercanti dei paesi extra-europei appartenessero a civiltà che impedivano loro di fare qualunque lotta politica!

*

Si può forse concludere questo breve commento al cap. 4 del *Trattato* di Mandel dicendo, molto semplicemente, che la classe dei mercanti è sempre esistita, generalmente per il commercio di beni di lusso (anche le spezie sono state un lusso per molto tempo) o per tutte quelle merci che non si potevano trovare (o che si trovavano con molta difficoltà) nei mercati locali o nelle fiere, cui poteva tranquillamente accedere la comunità di villaggio (una delle merci più importanti per tantissimo tempo è stato il sale).

Questi mercanti facevano spesso lunghi viaggi, a loro rischio e pericolo, e solo dopo un certo tempo si presentavano nei mercati locali o nelle fiere, oppure agivano come ambulanti.

Oltre a questa classe, la cui attività è sempre stata tollerata da qualunque civiltà contadina o pre-capitalistica, lo stesso contadino poteva vendere (o meglio: *barattare*, perché per molto tempo s'è fatto questo) sul mercato le proprie eccedenze o persino i propri prodotti artigianali (spesso fabbricati dalle donne, specie se il prodotto era tessile). Quando l'abilità artigianale si separò da quella contadina, e l'artigiano si trasferì in città, il prodotto artigianale si specializzò e diventò una merce che poteva essere venduta in maniera regolare, senza aspettare le eccedenze.

Questo distacco dell'artigianato dall'agricoltura fu l'inizio della divisione della città dalla campagna: in sé non avrebbe comportato nulla di pericoloso per l'autosussistenza della comunità di villaggio, se contestualmente a tale separazione non fosse nata una classe mercantile che voleva trasformare la città in un luogo di dominio nei confronti della campagna.

I mercanti avevano scarsi legami con le comunità di villaggio, perché erano come dei nomadi, o comunque era gente che, anche se stanziale, mostrava più interesse al proprio profitto che non al bene collettivo. È sempre stato così e le società contadine hanno tollerato queste eccezioni appunto perché erano tali.

Quando il mercante si arricchiva con traffici più o meno leciti, di regola acquistava della terra, delle proprietà e assumeva degli operai che lavoravano per lui. Poteva anche comprare dei titoli nobiliari. Anche questo processo, fintantoché la terra e i mezzi per lavorarla rimasero in mano ai contadini (o in proprietà o in uso), non costituì alcun vero pericolo per l'autosussistenza della comunità.

Anche se il mercante, invece di acquistare della terra, voleva gestire un'impresa artigiana, doveva comunque sottostare a dei controlli rigorosi, tipici delle corporazioni. Questi processi sono andati avanti per dei secoli in Europa occidentale senza che venisse minacciata l'esistenza delle comunità di villaggio. Un mercante non poteva arricchirsi oltre un certo livello né poteva aspirare a un particolare potere politico.

È fuor di dubbio che i mercanti hanno cominciato ad acquistare un certo peso (economico e politico) nelle città marinare, che per loro natura sono a contatto con realtà molto diverse tra loro e dove il rispetto di tradizioni consolidate è sempre stato più debole. Non a caso le città marinare parteciparono volentieri alle crociate contro l'islam e per il saccheggio dell'impero bizantino in decadenza.

Grazie a queste crociate, che praticamente durarono 200 anni, la classe dei mercanti ebbe un notevole impulso. Si può anzi dire che senza lo sviluppo della classe mercantile difficilmente ci sarebbero state le guerre tra Comuni e Impero o tra Comuni e feudatari (laici ed ecclesiastici). È grazie ai mercanti che si sviluppa un'ideologia anti-clericale, anti-feudale, anti-imperiale, a tutto vantaggio delle autonomie comunali.

I primi elementi di ideologia laico-umanistica furono introdotti dai mercanti nella teologia cattolica. Sarebbe tuttavia un errore far coincidere "laicità" con "umanesimo". I mercanti non introdussero l'*umanesimo* nella teologia cattolica, ma la *laicità*, cioè la riduzione a termini umanistici dei termini teologici. L'umanesimo dei mercanti è sempre stato viziato dall'*individualismo*, come modo fondamentale per ricercare un fine economico: il profitto, la proprietà, il capitale.

Nella misura in cui la chiesa romana tollera questo trend, anche nella speranza di trarne un vantaggio personale, la borghesia può facilmente svilupparsi, per quanto si sviluppino anche i movimenti contestativi (pauperistici), che denunciano a più riprese le collusioni tra cattolicesimo istituzionale e mercantilismo. È noto come tali movimenti verranno bollati col marchio dell'*eresia* e liquidati dalla chiesa romana.

Sarà proprio la persecuzione di questi movimenti che porterà alla definitiva affermazione *sociale* (anche se non ancora politica) delle idee borghesi. La riforma protestante erediterà la contestazione pauperistica per volgerla a favore della borghesia e per chiedere a questa un distacco (culturale in Germania, politico in Francia, Inghilterra ecc.) dalla chiesa romana. Conclusa la Riforma, la borghesia non avrà più alcuna riserva per affermare se stessa.

La filosofia della storia di Ernest Mandel

Se gli uomini sputano sulla terra, sputano su se stessi.
Seathl, capo indiano

Premessa

Nel suo voluminoso *Trattato marxista di economia*,[12] scritto in gioventù (1960), dopo dieci anni di lavoro, vi sono delle pagine (284-296) del I tomo che avrebbero potuto essere intitolate: "Filosofia marxista della storia". Esse infatti rappresentano uno schizzo del corso storico di tutta l'umanità, dalle società più primitive all'odierno capitalismo.

Non meriterebbero d'essere commentate, in quanto le tesi ivi esposte sono già note agli studiosi del marxismo, se non fosse per una loro caratteristica di fondo: quella di considerare il marxismo come un dogma. Qui ovviamente si prescinde dalla produzione successiva di Mandel.

Ernest Mandel e, come lui, tutta la corrente del trotskismo contemporaneo, non è riuscito a far evolvere le tesi classiche del marxismo verso una maggiore scientificità, pur nella fondata preoccupazione di conservare il loro carattere politico rivoluzionario.

Gli epigoni dei classici del marxismo si sono spesso contraddistinti in questo singolare atteggiamento: quanto più volevano tener fermo al carattere scientifico e rivoluzionario del marxismo, tanto più lo trasformavano in un dogma asfittico rivolto a gruppi politici settari; quanto più invece volevano procedere a degli sviluppi teorici allargando la base politica del consenso popolare, tanto più lo trasformavano in una corrente borghese, sia nella teoria che nella prassi.

Dunque cos'è che impedisce al marxismo di svilupparsi scientificamente in maniera progressiva, senza fargli perdere il lato politicamente rivoluzionario?

La soluzione a tale quesito è più facile a dirsi che a farsi: per non perdere il carattere rivoluzionario il marxismo ha bisogno di soggetti che s'impegnino attivamente nella politica e che lottino per fare uscire il sistema dalle secche del capitalismo.

Per non perdere il lato scientifico occorre proseguire la riflessione in maniera creativa (come p.es. fece Lenin nei confronti dei comunisti

---

[12] Testo di riferimento quello della ErreEmme, Roma 1997.

della II Internazionale e nei confronti dei marxisti legali e degli economisti del suo paese).

Vediamo questo secondo aspetto e vediamolo analizzando criticamente, seppure sommariamente, le pagine di Mandel dedicate alla "filosofia della storia".

Prima di farlo precisiamo però una cosa: se la tesi di Lenin secondo cui non ci può essere prassi rivoluzionaria senza teoria rivoluzionaria, è vera, allora non è sufficiente l'impegno militante in una formazione politica di sinistra, al fine di garantire al marxismo il valore politico rivoluzionario.

Occorre che la teoria che supporta tale prassi sia essa stessa rivoluzionaria; ma perché lo sia, è necessario che la si sviluppi in rapporto a mutate condizioni storiche.

Lo sviluppo della storia non può non condizionare l'evoluzione della teoria. Questo i riformisti e i revisionisti di tutti i tempi lo sanno bene. Quel che infatti occorre fare non è soltanto saper adeguare la teoria all'evoluzione dei tempi, ma anche quello di non farle perdere il carattere rivoluzionario.

Tenere insieme evoluzione della teoria e teoria rivoluzionaria è la cosa più difficile di questo mondo. Spesso, in questo compito, i nemici più irriducibili s'incontrano nello stesso campo dei sedicenti rivoluzionari. Ne sapeva qualcosa lo stesso Lenin.

*

E ora vediamo Mandel. Egli accetta senza riserve una delle tesi classiche del marxismo, quella secondo cui nel capitalismo si realizza la socializzazione della produzione (pur nella privatizzazione dei profitti), *come mai prima era successo*.

Quello che qui va messo in discussione sono proprio le parole in corsivo. Scrive Mandel: "Alla frammentazione della società patriarcale, schiavistica e feudale in migliaia di piccole cellule di produzione e di consumo indipendenti le une dalle altre, tra cui esistevano solo legami (in particolare legami di scambio) rudimentali, si sostituisce l'universalità delle relazioni umane. La divisione del lavoro si generalizza e si perfeziona, non solo in un paese ma su scala mondiale. Nessuno produce più soprattutto valori d'uso per il consumo proprio" (p. 284).

Qui sono molte le cose storicamente inesatte:

1. anzitutto il sistema schiavistico non conosceva la produzione per l'autoconsumo (se non in maniera ridotta), perché praticava soprattutto quella per il mercato, tant'è che le città fruivano di un

certo primato sulle campagne. Lo schiavo veniva acquistato perché producesse non per se stesso ma per il mercato: non aveva alcuna autonomia per produrre valori d'uso;

2. la frammentazione della società patriarcale e feudale è un'invenzione dell'economia politica borghese, ereditata dal marxismo, al fine di giustificare la più grande produttività del capitalismo. L'economia agricola precapitalistica (se si esclude l'azienda padronale schiavistica del periodo romano) era gestita dalla comunità di villaggio o dal feudo. Poteva esserci frammentazione nel lavoro, ma vi era *socializzazione di vita*, in cui il lavoro era uno degli elementi portanti, ancorché non l'unico;

3. la socializzazione realizzata dal capitalismo è di tipo "forzoso", in maniera analoga a quella che gli agrari romani operavano nei confronti dei loro schiavi. La differenza tra le due socializzazioni sta nel fatto che in quella schiavistica la dipendenza personale era assoluta e lo sviluppo della tecnologia minimo, mentre in quella capitalistica la dipendenza si basa sulla formale libertà dell'operaio, è contrattuale, ed è mediata da un forte sviluppo della tecnologia;

4. non è la produzione del valore d'uso, ovvero la prevalenza dell'autoconsumo che indica un carattere "parcellizzato" della produzione. È vero anzi il contrario, e cioè che il primato del valore d'uso sul valore di scambio può indicare - e in genere è così - una maggiore democratizzazione sociale all'interno dei rapporti comunitari. Non è la divisione del lavoro che *in sé* rende più "sociale" la produzione. Anzi, in genere, non è neppure il lavoro *in sé* che rende unita una comunità di villaggio. Il concetto di lavoro che abbiamo oggi è di derivazione borghese. Il lavoro produce ricchezza, benessere, carriera e a tale scopo il lavoratore sacrifica ogni cosa. Nelle comunità di villaggio sono prioritari anche valori sanciti dalla tradizione, dall'ideologia dominante e il lavoro è solo uno degli aspetti che acquista il suo significato all'interno di un contesto più vasto e complesso.
Nel mondo borghese il lavoro produce *valore*, ma questo valore è meramente *economico*; viceversa nelle società preborghesi è il valore (etico, ontologico) che caratterizza il tipo di lavoro.

5. La socializzazione di una comunità di vita è un valore intrinseco ad essa e non dipende da elementi esteriori, quali la sua estensione geografica. Non si è più "universali" quanto più i rapporti di scambio sono estesi nello spazio fisico. L'universalità è una dimensione che si può vivere anche nello spazio ristretto di una

piccola comunità, in cui non vi sono rapporti di sfruttamento e dove l'umanizzazione di tali rapporti è una costante di vita, una preoccupazione dell'intero collettivo.

6. È singolare che un marxista accetti il concetto di "socializzazione" in riferimento alla produzione borghese, usandolo contro il presunto "individualismo" delle società patriarcali, quando poi è costretto ad affermare che tale "socializzazione" è vissuta dalla società borghese in maniera "inconscia", sulla base di "forze cieche", che sono poi quelle del mercato.

In questa maniera è come se si volesse dire:

a) nel momento in cui la borghesia voleva rompere l'individualismo ad essa precedente, era *progressiva*;

b) nel momento successivo, in cui essa ha cercato di regolare la nuova socializzazione, essa è diventata *regressiva*.

Quindi il marxismo cosa deve fare? È semplice: conservare la rivoluzione industriale, che permette uno sviluppo "illimitato" delle forze produttive, puntando a socializzare la proprietà dei mezzi produttivi.

Mandel non mette in discussione la necessità di superare gli antagonismi sociali del feudalesimo in direzione dello sviluppo borghese dei rapporti economici. Non la metterebbe in discussione neppure nel caso in cui la borghesia avesse avuto a che fare non coi limiti del servaggio e della rendita feudale, ma con l'esistenza di una comunità primitiva libera, non feudale, priva di servi della gleba. Infatti tali comunità per lui sono non "primordiali" ma "primitive", completamente soggiogate dalle forze della natura.

Ma quest'ultimo aspetto merita una trattazione a parte. Marx ed Engels avevano conoscenze approssimative delle società antiche preschiavistiche, semplicemente a motivo dell'esiguità degli studi scientifici dell'epoca (che in pratica andavano da Bachofen a Morgan).

Mandel invece non può ignorare questi studi e i loro successivi approfondimenti, tant'è che è indotto a citare due pubblicazioni nella nota 1 di pag. 287.

Qual è la descrizione ch'egli fa dell'uomo primitivo? "Il produttore di una società primitiva non separa generalmente la propria attività produttiva, il "lavoro", dalle altre attività umane"(p. 286).

Bene, anche se si potrebbe discutere sul nesso "lavoro-attività produttiva", che è di tipo borghese, in quanto il concetto di "produttività" andrebbe scisso da quello di rendimento economico, cioè nel mondo preschiavistico non poteva essere oggetto di valutazione ragionieristica o statistica. Il "sociale" era di molto prevalente sull'"economico".

Ma andiamo avanti. "Certo -prosegue Mandel-, questo elevato grado di integrazione di tutta la sua esistenza esprime più la povertà della società e il carattere estremamente angusto dei suoi bisogni che uno sforzo cosciente verso lo sviluppo universale di tutte le possibilità umane".

Qui già non ci siamo. Questo è un classico modo di vedere il passato con gli occhi del presente. Un economista dovrebbe stare molto attento a usare il concetto di "povertà" in riferimento alle società primitive.

La "povertà" infatti è una condizione tipica delle società divise in classi antagonistiche. Per il comunismo primitivo bisognerebbe usare concetti come "bisogni essenziali", soddisfatti da "mezzi necessari alla sopravvivenza", usati in maniera collettiva per riprodursi, non tanto per accumulare.

Non ha senso considerare i "bisogni" degli uomini primitivi come "estremamente angusti", dopo averli paragonati a quelli odierni. Anche perché i bisogni sofisticati di oggi sono spesso possibili proprio grazie allo sfruttamento di moltissimi lavoratori, costretti ad avere, rispetto a una minoranza di cittadini, bisogni molto limitati.

Se poi questi bisogni limitati li mettiamo a confronto con quelli dei lavoratori sottoposti allo sfruttamento economico che l'occidente impone al terzo mondo, ci rendiamo conto che nell'epoca contemporanea i bisogni, per la stragrande maggioranza della popolazione mondiale, non sono meno angusti.

Ma il limite più grave dell'analisi di Mandel, quello che si pone all'origine di tutte queste errate interpretazioni storiche, deve ancora arrivare.

"La tirannia che [l'uomo primitivo] subisce - dice Mandel - è quella delle forze della natura: comporta una scarsa coscienza dell'ambiente naturale, la sottomissione degradante alla magia, uno sviluppo primitivo del pensiero... Quando l'ambiente naturale non è troppo ostile, il lavoro si combina con la gioia del corpo e dello spirito. Soddisfa contemporaneamente i bisogni fisici e i bisogni sociali, estetici e morali" (p. 287).

Si faccia quindi attenzione:
1. da un lato Mandel ribadisce vecchie tesi borghesi e marxiste, secondo cui la natura è un nemico da combattere, e una sottomissione alla natura comporta inevitabilmente concezioni errate della stessa, l'incapacità di sfruttarla a fini produttivi... Come se oggi non esistessero forme magiche e primitive del pensiero, proprio in rapporto all'uso feticistico della scienza e della tecnica, sino all'uso demagogico della scheda elettorale per dimostrare l'esistenza della democrazia!

2. Dall'altro Mandel non può soprassedere agli studi scientifici sul comunismo primitivo, per cui è costretto ad ammettere che allora esisteva una forte integrazione sociale e che addirittura, quando la natura era benigna, era possibile un certo progresso delle condizioni materiali e culturali di vita.

Ma ora si faccia attenzione alla conclusione del discorso. "Con l'accrescersi delle forze produttive, l'umanità si libera via via della tirannia delle forze della natura. Prende coscienza dell'ambiente naturale e impara a modificarlo per i propri scopi... Così si inizia la marcia trionfale della scienza e delle tecniche scientifiche che farà dell'uomo il padrone della natura e dell'universo" (p. 287).

Quindi Mandel giustifica non solo il passaggio dal feudalesimo al capitalismo, ma anche quello dal comunismo primitivo allo schiavismo. Infatti è stato proprio sotto lo schiavismo che è iniziato il primo grande saccheggio della natura, di cui oggi ci restano i grandi deserti sparsi sul pianeta.

Così il cerchio si chiude. Ora abbiamo capito perché Mandel non tiene in alcuna considerazione lo stile di vita del comunismo primitivo. Il motivo sta nel fatto che non tiene in alcuna considerazione il primato della natura sull'uomo.

La natura viene concepita soltanto come un oggetto da sfruttare per aiutare l'uomo a dominare la terra e persino l'universo. Non è l'uomo che appartiene alla natura ma il contrario.

Eppure Mandel sa bene che "via via che l'uomo si libera della tirannia delle forze della natura, subisce sempre più la tirannia di forze sociali cieche, la tirannia di altri uomini (schiavitù, servaggio) o la tirannia dei propri prodotti (piccola produzione mercantile e produzione capitalistica)" (pp. 287-288).

Ma tutto ciò gli appare "naturale"! Lo dice il determinismo evoluzionistico della sua filosofia della storia.

Mandel non si sogna neanche lontanamente di considerare l'affermazione di un primato assoluto dell'uomo sulla natura come il sintomo di una società già profondamente malata. L'alienazione per lui viene *dopo*, nel *modo* di utilizzare le risorse naturali. Gli uomini si mettono in competizione tra loro solo nel momento della distribuzione delle ricchezze. Non riesce a comprendere che la competizione tra uomo e natura è *già* un riflesso di quella tra uomo e uomo, di cui quella tra uomo e donna non è che una variante sul tema.

Ma il bello deve ancora venire. Mandel è un marxista e non può accontentarsi di dire che il processo storico procede in maniera deterministica. Egli deve mostrare che nei confronti dell'antagonismo sociale tra le classi vi è stata una certa opposizione cosciente. Di qui l'elenco di tante lotte di classe avvenute nei secoli.

Ad un certo punto però è costretto a chiedersi: "Come mai tutti questi movimenti hanno in realtà fallito nel tentativo di abolire l'ineguaglianza sociale, o perché, una volta vittoriosi, hanno a loro volta riprodotto condizioni sociali analoghe a quelle contro cui si erano rivoltati?" (p. 294).

Risposta: "Perché le condizioni materiali non erano affatto mature per l'abolizione dello sfruttamento e dell'ineguaglianza sociale".

Non aveva forse ragione Lenin quando considerava Trotsky un "non bolscevico"? Se Lenin avesse dovuto far sua la tesi di Mandel, avrebbe forse potuto fare la rivoluzione nel paese capitalistico più arretrato d'Europa?

Il bello è che ora i trotskisti vengono a dire che il fallimento del socialismo reale è la riprova che Trotsky aveva ragione! Che povertà di pensiero! Se in una condizione di arretratezza economica è venuto fuori il leninismo, a maggior ragione esso poteva continuare a sussistere in una condizione in cui l'arretratezza economica fosse stata affrontata con misure democratiche. Le condizioni materiali sono *sempre* mature per abolire lo sfruttamento. È piuttosto la coscienza rivoluzionaria che può essere inadeguata al compito.

Le trasformazioni non avvengono da sole. Non c'è un momento in cui si possa dire: "Ecco i tempi sono maturi". Sono soltanto gli uomini, con la loro attività, che rendono maturi questi tempi.

Il trotskismo non può usare lo stalinismo come arma per sostenere che in Russia i tempi non erano maturi per fare la rivoluzione o che, una volta fatta, bisognava fare in modo che avvenisse anche nei paesi capitalistici avanzati, altrimenti il socialismo non si sarebbe mai potuto sviluppare.

Il trotskismo da un lato è determinista, poiché fa dipendere tutto dal livello o dal grado delle forze produttive; dall'altro invece è estremista, poiché vuole imporre la necessità di una rivoluzione permanente a prescindere dalla consapevolezza politica di chi deve materialmente farla.

Questi due aspetti si notano anche in questa frase di Mandel: "L'assenza di classi nella preistoria umana si spiega con il fatto che il prodotto sociale è grosso modo uguale al prodotto necessario" (p. 294).

Questo significa che non esistendo "eccedenze" non si poteva formare quella classe che le avrebbe accumulate. Sicché la vera storia inizia solo quando si forma un "surplus" da accaparrare e da far fruttare sempre più.

La borghesia capitalistica, in tal senso, è quella che storicamente vi è riuscita meglio. Di essa il proletariato deve conservare il macchinismo e l'organizzazione industriale della produzione, del cui "uso" peraltro è già "padrone", anche se non della "proprietà".

Cosa sarà dunque il socialismo senza classi prospettato da Mandel? Nient'altro che una variante dello stalinismo. Infatti, per garantire alla società lo stesso elevato livello di bisogni creato dalla borghesia, occorre di necessità, se non si vuole rimettere in discussione il primato dell'industria sull'agricoltura, della città sulla campagna, del valore di scambio su quello d'uso ecc., che la produzione economica venga realizzata nell'ambito di una grande *coercizione extra-economica*, quella dello Stato.

A questo punto tra socialismo di stato e feudalesimo occidentale dove sta la differenza? Il partito comunista non era forse una chiesa, che alla religione aveva sostituito l'ateismo? Non esisteva forse una ferrea disciplina e una solida gerarchia? Non avevamo forse già visto queste cose nell'ambito della chiesa cattolica-romana in epoca feudale? Lo Stato, per il Pcus, non svolgeva forse un'attività equivalente a quella che la chiesa romana faceva svolgere all'imperatore e ai suoi subordinati, considerati come suo "braccio secolare"? Le "epurazioni" non erano forse una forma di "inquisizione"?

Certo, la chiesa romana non poteva beneficiare della rivoluzione industriale, ma è davvero così importante questa rivoluzione per realizzare il socialismo democratico?

Hosea Jaffe e il colonialismo

I

Giustamente Hosea Jaffe sostiene, in *Davanti al colonialismo: Engels, Marx e il marxismo* (ed. Jaca Book, Milano 2007), che l'idea engelsiana di favorire il colonialismo europeo per accelerare il processo d'industrializzazione nelle periferie coloniali, al fine di porre le basi per una transizione al socialismo, era un'idea non "socialista" ma "imperialista", frutto di un'interpretazione meccanicistica o deterministica del materialismo storico-dialettico.

E ha altresì ragione quando afferma che la contraddizione principale, nell'ambito del capitalismo, è diventata, a partire dalla nascita del colonialismo, non tanto quella tra capitalista e operaio delle aziende metropolitane, quanto quella tra Nord e Sud, dove con la parola "Nord" non si deve intendere solo l'imprenditore ma anche lo stesso operaio che nell'impresa capitalista si trova a sfruttare, seppure in maniera indiretta, le risorse del Terzo mondo.

Detto questo però Jaffe non è in grado di porre le basi *culturali* per comprendere la nascita del capitalismo (che non può essere considerato una mera conseguenza del colonialismo, in quanto quest'ultimo s'impose già nel Medioevo con le crociate ed esisteva già al tempo della Roma e della Grecia classica e non per questo è possibile parlare di capitalismo, che storicamente nasce solo nel XVI sec.). Jaffe non è neppure in grado di porre le basi *politiche* di un accordo tra il proletariato del Nord e quello del Sud.

Alla fine del suo percorso egli si ritrova su posizioni speculari a quelle engelsiane: laddove infatti si considerano interi continenti (Asia, Africa, America latina) incapaci di avviare l'industrializzazione borghese in maniera autonoma e quindi di favorire una transizione al socialismo, qui invece si considera l'occidente, *en bloc*, del tutto inadatto a comprendere i meccanismi mondiali dello sfruttamento economico; il che fa diventare assolutamente inutile il tentativo, da parte del proletariato coloniale, di cercare, nelle aree metropolitane dell'occidente, quei soggetti che possono condividere i suoi processi di democratizzazione sociale.

Hosea Jaffe assume una posizione deterministica rovesciata, al punto che gli diventa impossibile esprimere dei giudizi obiettivi sui limiti delle esperienze socialiste dei paesi coloniali (come quelle avvenute a Cuba, in Cina, nella Corea del Nord ecc.).

Pur di poter manifestare una posizione contraria all'occidente *in sé*, considerato quasi come una categoria metafisica, Jaffe è disposto a transigere su molti difetti dei regimi socialisti. Anche perché continuamente ribadisce la tesi secondo cui una transizione al socialismo è più facile in un paese economicamente arretrato che non nell'occidente avanzato.

Alla fine non gli resta che auspicare una terza guerra mondiale in cui lo scontro non avvenga più tra potenze imperialistiche, ma tra Nord e Sud. Col che lascia del tutto irrisolto il nodo relativo al modello di sviluppo. A lui interessa soltanto che il Sud si liberi del Nord, non che si liberi anche della sua assurda industrializzazione.

II

In realtà non è di nessuna importanza che un paese sia industrialmente "avanzato" o "arretrato" ai fini della transizione al socialismo. Quello che più importa è la capacità di saper organizzare una rivoluzione che porti effettivamente a vivere una transizione verso il *socialismo democratico*.

In astratto infatti si può dire che un paese arretrato, sul piano industriale, è più vicino alle idee del socialismo in quanto è più vicino al *pre-capitalismo*, cioè alla cultura *pre-borghese*. Ma si può anche dire il contrario, e cioè che quanto più un paese è industrialmente avanzato, tanto più avverte il problema di uscire dalle contraddizioni del sistema, che rendono la vita invivibile, specie per le conseguenze ambientali che hanno.

Nei paesi avanzati non sono avvenute rivoluzioni socialiste non perché è più facile che queste avvengano nei paesi arretrati - come diceva Trotski -, ma perché i paesi avanzati industrialmente sono anche quelli che praticano il *colonialismo*, oggi a livello internazionale, seppur, rispetto a ieri, in forme più economico-finanziarie che politico-militari.

Nel mondo non esistono paesi avanzati o arretrati *autonomi*, in grado di sperimentare percorsi *indipendenti* gli uni dagli altri. Nel mondo esistono paesi avanzati sul piano tecnologico che dominano politicamente o anche solo economicamente altri paesi arretrati sul piano industriale.

Tale dipendenza impedisce di servirsi liberamente delle tradizioni pre-borghesi per realizzare una transizione al socialismo. Questo peraltro il motivo per cui Lenin non credeva che il populismo russo, con la sua idea di "comune agricola", sarebbe riuscito a impedire la diffusione del capitalismo in Russia.

Se i paesi avanzati non avessero colonie da sfruttare, le loro contraddizioni interne, a causa dei rapporti fortemente antagonistici, diverrebbero esplosive in poco tempo. Invece, grazie allo sfruttamento coloniale, il peso di queste contraddizioni può essere scaricato sui paesi arretrati.

L'Europa occidentale ha iniziato a comportarsi così già con la civiltà cretese, ereditata poi da quella ellenica; ha continuato a farlo, in grande stile, coi Romani; ha proseguito nel Medioevo col fenomeno delle crociate; e in epoca moderna ha inaugurato con la scoperta dell'America il colonialismo su scala mondiale.

Sono almeno tremila anni che l'Europa ha una pretesa di dominio verso le realtà più deboli. Ogniqualvolta i conflitti sociali diventano troppo acuti per poterli risolvere pacificamente, in politica interna si usano i sistemi autoritari, i metodi repressivi, e in politica estera si adottano programmi di conquista coloniale, di sfruttamento delle risorse altrui, umane o naturali che siano.

Ai problemi di natura sociale ed economica si risponde con soluzioni poliziesche (all'interno) e militari (all'esterno). Dopo aver represso il dissenso interno, si cerca di contenere il malcontento generale, facendo pagare a popolazioni estranee il prezzo delle proprie contraddizioni.

Ecco perché il dissenso interno riesce a trovare, temporaneamente o in territori circoscritti, uno sfogo alle proprie frustrazioni. Nel passato i dissidenti perseguitati in Europa si trasferivano nelle colonie, riproponendo quegli stessi rapporti antagonistici che subivano in patria, con la differenza che ora, nelle colonie, erano loro a farli subire alle popolazioni indigene.

Anche ammettendo che nella loro terra d'origine i dissidenti volevano realizzare una qualche transizione al socialismo, bisogna dire che questa esigenza non s'è mai realizzata nelle colonie ch'essi hanno conquistato o semplicemente abitato. E non solo perché la loro stessa madrepatria non gliel'avrebbe mai permesso.

I coloni hanno sì potuto riscattarsi dal peso delle contraddizioni subìte in patria, ma solo perché sono diventati i nuovi padroni in casa altrui. Non hanno mai cercato un rapporto di collaborazione con le popolazioni incontrate, onde potersi opporre al dominio della madrepatria. E se l'hanno fatto, è stato in maniera strumentale, per necessità di circostanza, per aumentare il loro potere di colonizzatori. Il dissenso frustrato nella madrepatria s'è trasformato nelle colonie in dominio nei confronti dei territori conquistati e delle popolazioni sottomesse.

Questa cosa è potuta andare avanti finché ci sono state terre da conquistare e popolazioni da sfruttare. Ma oggi tutto il pianeta è stato colonizzato. Se le popolazioni sottomesse cominciassero a ribellarsi, non ci sarebbe più modo, da parte dei paesi tecnologicamente avanzati, di trovarne di nuove da sottoporre a nuovi sfruttamenti.

L'antagonismo non può più espandersi geograficamente, può solo acutizzarsi a livello sociale, là dove riesce a dominare. Se non riusciamo a realizzare una transizione al socialismo, le barbarie è assicurata.

III

Detto questo, resta sempre da chiarire che cosa s'intenda per "socialismo democratico" e, su questo, Jaffe è incredibilmente lacunoso. Non avendo posto alcuna premessa per un discorso di tipo *culturale*, si trova a ripetere sempre le stesse cose, senza riuscire ad offrire suggerimenti significativi per uscire non solo dalla dipendenza coloniale, ma anche dai meccanismi sociali e culturali che creano il *bisogno* di avere un dominio coloniale.

Qui il discorso si fa davvero ampio e tutto da costruire. Se Jaffe si fosse concentrato sulle origini socio-culturali del capitalismo, non avrebbe dato così grande peso al colonialismo, che pur di quelle origini è parte organica, ma sarebbe stato costretto a dare un qualche peso alla religione, alla teologia, alla filosofia, al diritto, all'arte, alla scienza, all'etica e alla morale, cioè a tutte quelle discipline che il marxismo ha sempre definito come "sovrastrutture" dell'economia e che, per questa ragione, sono sempre state considerate dagli studiosi di sinistra come una sorta di *mero rispecchiamento* della realtà concreta dell'economia. In realtà tra struttura e sovrastruttura esiste un reciproco condizionamento, che impone allo studioso un'analisi di tipo *olistico*, obbligata a tener conto di tutti gli aspetti nel loro insieme.

Lo stesso colonialismo dipende da una determinata *cultura*, esattamente come il capitalismo. Se gli uomini di una civiltà, di una religione, di una nazione ecc. si sentono, ad un certo punto, in diritto di dover conquistare territori altrui, significa che già al loro interno esiste questa deformazione, esiste già il senso del *dominio* da parte del più forte nei confronti del più debole. Questo senso o sentimento o atteggiamento sociale non dipende dalla psicologia dei popoli, ma da una *cultura*, da una *concezione della realtà*. E questa concezione, nell'antichità, si esprimeva soprattutto in chiave *religiosa* (mitologica o metafisica o razionale che fosse).

Le cause del colonialismo possono anche essere state sociali, politiche, economiche, ma noi dobbiamo cercare le cause *culturali*, quelle precedenti a tutto. Bisogna scoprirle e combatterle, proprio perché di fronte a una determinata situazione sociale non si debba nuovamente rispondere con la scelta dell'antagonismo e quindi inevitabilmente con quella del colonialismo. Il problema principale infatti è quello di non ripetere, in forme diverse, gli errori del passato.

In occidente le forze progressiste non possono aspettare la fine del colonialismo *prima* di cercare un'alternativa al capitalismo. Se il problema sta anzitutto "fuori" (nelle colonie), alla fine *soltanto* quelli di "fuori" potranno risolverlo. Ma se la borghesia avesse aspettato la fine spontanea della rendita feudale, non sarebbe mai riuscita a far trionfare l'idea di profitto.

Jaffe e la riscoperta del comunismo primitivo

Hosea Jaffe è uno di quegli economisti di sinistra che dice pane al pane e vino al vino. Non so quanti suoi colleghi contemporanei sostengano che va recuperata la società primitiva, quella pre-schiavistica, al fine di ritrovare l'uguaglianza e la democrazia "moderne". Di sicuro non v'è nessuno tra quelli borghesi e si farà fatica a trovarne persino qualcuno tra quelli marxisti.

Lui p.es. nega una cosa che per il marxismo (e forse questa è una delle tante ragioni che ha indotto la Jaca Book a pubblicare molti suoi libri) è sempre stato considerato un dogma: la *necessità* di una qualsivoglia transizione a un livello superiore di civiltà, sia quella dal comunismo primitivo allo schiavismo, che quella dal feudalesimo al capitalismo, per non parlare di quella dal capitalismo al socialismo. È proprio sul concetto di "necessità" che non vuol sentire ragioni.

Di tutta la civiltà europea, a partire dalla nascita dello schiavismo come stile di vita, Jaffe non salva nulla. Per lui la più grande disgrazia dell'umanità è stata la distruzione del comunismo primitivo. Non solo, ma, pur dichiarandosi marxista (che oggi in occidente è come dire "alieno"), egli ha sottoposto a dura critica i classici del marxismo, soprattutto là dove ritengono "arretrati" i popoli non-europei, giustificando così il colonialismo occidentale, al fine appunto di poter parlare di "necessaria transizione al socialismo".

Secondo lui con la nascita dell'imperialismo (verso la fine dell'Ottocento) è andato irrimediabilmente distrutto il comunismo primitivo a livello planetario. *En passant* potremmo aggiungere a questa tesi incontrovertibile la seguente considerazione: l'imperialismo (oggi chiamato *globalismo*) riproduce la stessa percezione unitaria del pianeta che avevano gli uomini primitivi, che si sentivano liberi di esplorarlo e di popolarlo come volevano, ma con la fondamentale diversità che oggi, per avere questa consapevolezza, bisogna essere proprietari di capitali.

Sotto questo aspetto la vera mimesi del comunismo primitivo non è neppure prerogativa del globalismo occidentale, i cui capitali sono gestiti da privati o, al massimo, da società anonime, ma diventerà prerogativa di un paese che sta per prendere in mano le redini dell'intero pianeta: la Cina, per la quale la gestione dei capitali deve essere *strategica* e non individualistica, e per poterlo essere efficacemente, occorre l'intervento dirigistico dello Stato e del partito unico. Lo Stato non può essere al servizio dei capitali più di quanto questi non debbano esserlo nei confronti dello Stato.

Al tempo di Marx - scrive Jaffe nel suo *Era necessario il capitalismo?* (Jaca Book, Milano 2010) - l'ultima esperienza di comunismo primitivo era quella della *obščina russa* (che poi, in realtà, era una forma edulcorata di feudalesimo, in quanto il vero comunismo primitivo poteva al massimo trovarsi in qualche tribù misconosciuta, ridotta di numero e dispersa in quelle zone non appetibili o non ancora debitamente sfruttate dal grande capitale, dell'Africa, dell'Asia, del Sudamerica o dell'Oceania).

Hosea Jaffe è uno di quegli economisti radicali che sostiene che senza lo sfruttamento di questo comunismo primitivo non sarebbe mai nato il capitalismo. In tal senso fa le pulci allo stesso Marx, il quale non affermò mai espressamente che l'accumulazione originaria del capitalismo fu una conseguenza diretta del colonialismo. Nel *Capitale* infatti il colonialismo è indubbiamente visto come elemento che favorì la nascita del capitalismo, ma non è visto come fattore determinante in prima istanza.

Jaffe invece, per sostenere la sua tesi, anticipa il colonialismo all'epoca delle crociate, cioè lo fa risalire ad almeno mezzo millennio prima della nascita della rivoluzione industriale, sicché questa poté avvenire proprio perché le "casse per gli investimenti" erano già piene di uno sfruttamento intensivo e plurisecolare.

Gli si può dar torto? Sì, ma a condizione di dargli ragione quando equipara le crociate a una forma di colonialismo. Tuttavia per far nascere il capitalismo non basta il colonialismo. Se fosse così facile, non si spiega perché il "capitale" (nell'accezione borghese) abbia dovuto impiegare mezzo millennio prima di nascere; e meno ancora si spiega perché, passato questo mezzo millennio, le prime due grandi nazioni colonialiste europee, il Portogallo e soprattutto la Spagna, non siano mai diventate capitalistiche (in senso industriale o finanziario), se non dopo un altro mezzo millennio, con molta fatica e, per giunta, quando i loro imperi coloniali non li avevano più.

Per diventare capitalisti ci vuole una *mentalità*, una *cultura* molto particolare, che non avevano neppure i Romani, che pur avevano creato una società mercantile e coloniale molto più evoluta, molto più centralizzata e organizzata di quella europea esistente al tempo delle crociate.

Ci vuole una mentalità che faccia della *liberà formale* (*giuridica*) il criterio dei rapporti umani, che anzitutto vogliono essere "produttivi", basati sulla "quantità". Questa non è una cosa semplice, poiché viene più istintivo trattare il perdente, il nullatenente o l'insolvente alla stregua di uno schiavo. Per ritenere necessaria una mediazione giuridica tra oppresso e oppressore, occorre compiere un salto di qualità.

Certo anche i Romani avevano il diritto - eccome se l'avevano! -, ma da esso erano totalmente esclusi gli schiavi. Il concetto di "persona" non lo si applicava allo schiavo, e anche quando la legislazione chiedeva agli schiavisti di non eccedere nelle punizioni, al massimo imponeva una sanzione amministrativa.

C'è voluto il cristianesimo e la cultura "barbara" per umanizzare il rapporto di schiavitù, trasformandolo in rapporto servile. Ma questo a Jaffe non interessa, e neppure al marxismo è mai interessato. È vano chiedergli di fare un'analisi di questa cultura: il suo discorso è meramente strutturale, ponendosi, in questo, sulla falsariga di quello vetero-marxista. L'unica "cultura" che vede è quella ideologica che ha favorito l'abolizione formale della schiavitù per trasformare il colonialismo in un imperialismo, modernizzando, per così dire, il razzismo.

A suo dire l'Europa occidentale ha conosciuto solo esperienze di schiavismo e di razzismo (almeno a partire dai Greci), fatto salvo il periodo altomedievale, dominato da popolazioni extraeuropee, che al massimo conoscevano un "dispotismo comunitario". L'Europa cioè sarebbe passata da una forma di schiavismo all'altra, diffondendolo come un virus in tutto il pianeta. I due principali eredi di questo schiavismo sono stati gli Usa e il Giappone.

Trattare o discutere con questi tre poli dell'imperialismo è fatica sprecata. Il loro obiettivo è quello di dominare il mondo. Semmai - scrive Jaffe che, in questo, la pensa come Samir Amin - ci si deve chiedere quale sia il modo migliore per difendersi da questi sistemi schiavistici. Jaffe infatti contesta sia Marx che Engels là dove ritengono che il capitalismo, pur con tutte le sue aberrazioni, costituisce un prodotto "necessario" della storia, propedeutico alla nascita del socialismo.

Jaffe sostiene che per realizzare il socialismo non c'era affatto bisogno del capitalismo, anche perché, là dove questo s'è imposto, non s'è mai verificata alcuna transizione socialista, come invece è accaduto in alcuni paesi poveri e colonizzati, ovvero negli anelli più deboli del sistema mondiale borghese.

Pensare dunque che il capitalismo possa aiutare a realizzare il socialismo è pura follia. Infatti - scrive Jaffe - persino il proletariato industriale dell'occidente è co-responsabile dello sfruttamento del Terzo Mondo, e se dovesse scoppiare una guerra contro qualche paese colonizzato o addirittura un conflitto mondiale, assai difficilmente esso la trasformerebbe - come già chiedeva Lenin nel corso del primo conflitto mondiale - in una guerra civile contro i propri governi nazionali.

Più che cercare rapporti di collaborazione con l'occidente, il Terzo Mondo dovrebbe organizzarsi in maniera autonoma, cercando di ridurre al massimo i propri rapporti di dipendenza neocoloniale.

Per Hosea Jaffe il vizio di fondo dell'economia mondiale sta nel voler vivere sulle spalle altrui, cioè sta nel *colonialismo*, che India e Cina, p.es., non hanno mai praticato, pur conoscendo lo schiavismo. In tal senso la fine del capitalismo e del colonialismo non necessariamente dovrà comportare la fine dell'industrializzazione, ma solo un diverso modo di gestirla.

Se avesse però fatto un discorso "culturale" e avesse ripensato i rapporti tra uomo e natura, Jaffe avrebbe dovuto ammettere che anche l'industrializzazione della produzione è un concetto che va superato. E si sarebbe forse risparmiato l'ingenuità di credere che un paese come la Cina, una volta imparato ad usare la libertà giuridica nella maniera fittizia dell'occidente, non sia destinata a diventare una potenza imperialistica.

Il Marx di Diego Fusaro

Indubbiamente Diego Fusaro, astro nascente dell'attuale filosofia marxista italiana, ha avuto e tuttora ha il merito di aver aiutato a riscoprire la portata eversiva delle teorie anti-capitalistiche di quel grande economista chiamato Karl Marx.[13]

Vogliamo sottolineare la qualifica di "economista" perché è in questo ruolo che Marx ha dato il meglio di sé, checché ne pensi Fusaro, che invece lo preferisce di più nei panni del "filosofo" o in quelli del "filosofo dell'economia", rischiando così pericolosamente di darne un'interpretazione influenzata dall'hegelismo, come d'altra parte fece uno dei suoi principali maestri, Costanzo Preve.

La vera grandezza di Marx sta invece proprio in questo, nell'aver distrutto il primato della filosofia, facendo dell'economia politica una vera *scienza*, e non una semplice ideologia al servizio della borghesia, com'era, in particolar modo, quella elaborata in Inghilterra, in cui dominava l'idea di considerare il capitalismo un fenomeno di tipo "naturale" e non "storico", ovvero come un evento destinato a durare in eterno e non a essere superato da una società di tipo comunista. Per l'ultimo Marx, quello interessato all'*antropologia*, il comunismo altro non sarebbe stato che un ritorno al comunismo primitivo in forme e modi infinitamente più evoluti, in quanto scienza e tecnica avrebbero giocato un ruolo di rilievo, assolutamente più democratico di quello che svolgono in un contesto dominato dall'antagonismo tra capitale e lavoro.

A dir il vero il giovane Marx non aveva affatto intenzione di superare la filosofia con l'economia, bensì con la *politica*. Solo dopo aver conosciuto Engels si mise a studiare questa disciplina. Fu la sua sconfitta come politico della Lega comunista, nel corso delle rivoluzioni europee del 1848, che lo portò, una volta emigrato a Londra, a dare più peso agli studi teorici dell'economia capitalistica, di cui quelli dedicati al pre-capitalismo risultavano, agli occhi esigenti di Marx, non meritevoli d'essere pubblicati.

Tutti i testi di economia - ad eccezione dei *Manoscritti economico-filosofici* del 1844, che maturarono a Parigi a contatto con gli ambienti socialisti - sono stati elaborati sotto il peso di un'amara sconfitta politi-

---

[13] I due testi di Diego Fusaro cui qui si fa riferimento sono *Karl Marx e la schiavitù salariata*, ed. Il prato, Saonara 2007 e *Bentornato Marx! Rinascita di un pensiero rivoluzionario*, ed. Bompiani, Milano 2012.

ca: di questo, leggendoli, non bisogna mai dimenticarsi, se si vuole tentare di esaminarli nella maniera più obiettiva possibile, cioè se non si vuole soprassedere al fatto che in tutti quegli scritti risulta alquanto forte l'uso dialettico della categoria hegeliana della *necessità* e quindi un certo *determinismo economico*, che tanto peso avrà nella storia della seconda Internazionale e in quasi tutto il marxismo europeo, sempre molto influenzato da correnti borghesi di pensiero, come ad es. il positivismo e lo strutturalismo, mentre, per quanto riguarda la Russia, ci si deve riferire allo sviluppo del cosiddetto "marxismo legale" ed "economicismo", contro cui il giovane Lenin muoverà le sue forti proteste.

Marx è stato un genio assoluto in campo *economico*, ma per averne uno in campo *politico* abbiamo dovuto attendere Lenin, di cui però Fusaro non s'interessa minimamente. Eppure egli, pur scrivendo testi dichiaratamente filosofici, vuole darsi un obiettivo politico generale: quello del superamento del capitalismo. Perché dunque non fare mai alcun riferimento organico, propositivo, a Lenin? Il quale indubbiamente fu non solo il Marx dell'epoca imperialistica sul piano economico (il suo testo sull'*Imperialismo* è ancora oggi assolutamente fondamentale per capire le premesse dell'epoca in cui viviamo), ma anche il politico marxista più coerente, l'unico che seppe realizzare con successo gli insegnamenti del suo maestro, dimostrando una creatività di pensiero fuori del comune. Se Marx avesse potuto conoscerlo, non l'avrebbe certamente considerato di livello inferiore ai tanti suoi seguaci, più o meno ortodossi (Kautsky, Liebknecht, Bebel, Lassalle, Lafargue, Guesde...), che in Germania e in Francia si accingevano a costruire un partito socialista rivoluzionario e una seconda Internazionale.

Rivalutare Marx, senza fare alcun riferimento a Lenin, può portare a due inevitabili conseguenze: ripetere cose già dette o fraintendere il suo pensiero. Marx e Lenin sono due soggetti molto particolari: non possono essere semplicemente "studiati" o, peggio ancora, "letti" come due autori qualunque. Entrambi chiedono d'impegnarsi per trasformare le cose, proprio perché avvertono con drammaticità la gravità della crisi e con urgenza il compito di risolverla, senza sfociare in alcuna forma d'irrazionalismo. Tuttavia, se si dà più peso a Marx che non a Lenin, si finisce col fare i "teorici dell'alternativa", senza lasciarsi coinvolgere in alcun partito o movimento politico e senza neppure essere capaci di fondarne uno nuovo. È appunto questa la posizione che ha l'attuale Diego Fusaro, che quando parla di filosofia fa politica e quando parla di politica fa filosofia.

Se ci si ferma a Marx, tralasciando Lenin, si sarà indotti ad attendere, in virtù delle proprie critiche eversive, che le masse *spontaneamen-*

te insorgano. Cioè si finirà col compiere il medesimo errore di Marx, di cui lui stesso si rese conto (dicendolo nella Prefazione a *Per la critica dell'economia politica*), senza però riuscire a porvi rimedio, tant'è, anzi, ch'egli si trovò come costretto ad accentuare il lato *deterministico* della transizione al socialismo, appellandosi alla necessità, per chiunque voglia compiere la rivoluzione, di vedere preventivamente esaurite le forze propulsive del capitale. Un errore che Lenin evitò accuratamente di ripetere, anche perché precisò subito, in *Che fare?*, che la coscienza rivoluzionaria di un superamento complessivo del sistema bisogna portarla, al proletariato, *dall'esterno*, in quanto, se lo si lascia a se stesso, al massimo matura una coscienza sindacale.

Lenin aveva capito queste cose oltre un secolo fa; trascurarle, pensando sia sufficiente riscoprire Marx per fare di nuovo un discorso anti-capitalistico, rischia di portare fuori strada, anche perché il revival di Marx è già avvenuto, soprattutto in Europa occidentale, negli anni della contestazione operaio-studentesca: ripetere oggi quella scoperta, senza fare un passo avanti, in direzione del leninismo, non servirà a nulla. Anzi, su taluni aspetti è lo stesso leninismo che va rivisto: si pensi ad es. ai primati concessi all'industrializzazione, all'urbanizzazione, allo sviluppo tecnico-scientifico, che oggi una qualunque *coscienza ambientalista* guarderebbe con molto sospetto; ma si pensi anche alla necessità di non trascurare i rapporti tra coscienza *umana* e coscienza *politica*, onde evitare di veder assorbita la prima alla seconda.

Fusaro è convinto d'essere titolato pienamente a parlare di "riscoperta di Marx", in quanto, secondo lui, quella avvenuta nella stagione del Sessantotto (che si protrasse almeno sino al delitto di Aldo Moro) fu tutta all'interno del sistema borghese, cioè fu una riscoperta che servì alla piccola borghesia per modernizzare il sistema. In realtà se questo fu l'esito della contestazione, bisogna dire che fu del tutto involontario o comunque non intenzionale. In gran parte dipese appunto dal fatto che si volle riscoprire *solo Marx*, senza fare i conti con Lenin, cioè ci si affidò più allo spontaneismo delle masse che non all'organizzazione di un partito di professionisti, capace di creare un consenso popolare e di gestirlo in chiave rivoluzionaria. Quando parlavano di rivoluzione, generalmente i partiti finivano nel terrorismo, ripetendo così gli errori di un certo anarchismo estremo e individualistico. E quando si parlava di Lenin, al massimo lo si faceva - come Althusser - sul piano meramente filosofico.

In Italia si ebbe addirittura l'impressione, negli anni Settanta, che il parlare così tanto di Gramsci, soprattutto di quello dei *Quaderni*, pubblicati per la prima volta dal 1948 al 1951, servisse proprio per non parlare di Lenin. L'importanza attribuita alla *cultura* appariva cioè strumentale all'esigenza di non toccare i tasti dell'impegno rivoluzionario vero e proprio, al fine di accettare acriticamente la politica di "larghe intese" (il famoso "compromesso storico") realizzata tra comunisti e democristiani.

Un movimento come quello del Sessantotto non può essere guardato con gli occhi del filosofo: ci vogliono quelli del *politico*. E Fusaro ancora non li ha, e se non si emancipa dalla lezione di Preve, ch'egli peraltro ha assorbito quando Preve era già nella sua fase involutiva, rischierà di spegnersi in questa sua forte carica contestativa. Questo per dire che al giorno d'oggi, se davvero si vuol fare i "marxisti", non è sufficiente fare dei "discorsi eversivi"; non si può evitare d'essere meramente "filosofi" limitandosi a usare quella che Lenin chiamava la "fraseologia rivoluzionaria". Occorre l'appartenenza a un partito, una militanza personale.

Marx aveva ucciso la filosofia con l'economia, ma Lenin aveva detto che "la politica è una sintesi dell'economia". Questo perché non c'è bisogno di conoscere il sistema capitalistico in tutte le sue sfumature prima di potersi organizzare praticamente per abbatterlo. Non abbiamo bisogno di riscrivere il *Capitale* per capire la nostra epoca globalizzata. È già sufficientemente chiaro che l'unica alternativa è quella di *fuoriuscire dal sistema*, abbattendo i suoi due pilastri fondamentali: lo *Stato* e il *mercato*, cioè il principale strumento oppressivo della borghesia e il primato assoluto che il valore di scambio ha su quello d'uso. Le differenze fra una strategia e l'altra possono riguardare soltanto le modalità e i mezzi da impiegare, anche perché il capitalismo si evolve di continuo e l'analisi economica viene sempre *dopo*, come ai tempi di Hegel la filosofia, civetta di Minerva. Con questa differenza, che la filosofia non riusciva *mai* a comprendere l'essenza degli antagonismi sociali.

Il primo a farlo, in maniera scientifica, dal punto di vista economico, con le sue teorie sul *plusvalore*, è stato appunto Marx. Fusaro glielo riconosce, anzi, lo esalta proprio per questo motivo, senza però accorgersi di un limite di fondo di tutta l'analisi del *Capitale*, e cioè la sottovalutazione dell'importanza dei *fattori sovrastrutturali*. Se Fusaro avesse studiato Lenin, o se almeno l'avesse fatto senza usare le lenti deformanti del suo maestro Costanzo Preve, che rifiutava il leninismo non solo sul piano politico, ma anche, e ancor più, su quello filosofico, forse avrebbe potuto dare di Marx una valutazione più obiettiva.

Dopo l'interpretazione che Lenin ha dato del "marxismo classico", mediante cui ha valorizzato enormemente l'aspetto sovrastrutturale della *politica*, non è più possibile fare una semplice "riscoperta" di Marx. Ci vuole ben altro. Persino il giorno in cui riscopriremo Lenin, ci vorrà ben altro. Non potremo infatti considerare sufficiente una "politica rivoluzionaria", trascurando, colpevolmente, quelli che oggi vengono chiamati i "diritti (o valori) umani universali", i quali, per quanto formulati astrattamente, cioè senza riferimenti specifici a condizioni di spazio e tempo, fanno parte comunque del patrimonio dell'umanità, la cui formalizzazione è stata avvertita come inderogabile dopo due devastanti guerre mondiali, e che sono stati sinteticamente riprecisati dopo la fine di quella che Fusaro, sulla scia di Preve, chiama la "terza guerra mondiale" (cioè la "guerra fredda"), in quel documento significativo (la cosiddetta "Carta della nonviolenza" o "Dichiarazione di Delhi") che Gorbaciov firmò nel 1986 insieme a Rajiv Gandhi.

Il tempo non passa invano, e per non ripetere gli errori del passato, occorre approfondire la riflessione critica, rendendo la prassi ad essa conseguente. I limiti sovrastrutturali nell'analisi economica di Marx non riguardano soltanto la scarsa importanza attribuita ai nessi con la politica. Per tutto il periodo londinese Marx si è sentito un teorico dell'economia e, fatto salvo l'impegno per costituire la prima Internazionale, che però nel 1876 si era già sciolta, egli non arrivo mai a impegnarsi per la costruzione di un partito autenticamente rivoluzionario. Qui la differenza da Lenin è netta.

Ma il limite di fondo riguarda anche la scarsa importanza attribuita ai *fenomeni culturali*, relativamente alla capacità che hanno di condizionare i processi economici. Per tutta la sua vita Marx ha visto la cultura, l'ideologia, le idee etiche, religiose, filosofiche, giuridiche, artistiche... come semplici riflessi o rispecchiamenti di determinate strutture economiche. Al massimo - aveva detto nella Prefazione alla prima edizione del *Capitale* - ci si poteva elevare *soggettivamente* nella comprensione delle contraddizioni sociali.

Lenin non era affatto così schematico, proprio perché attribuiva un'importanza decisiva, ai fini della rivoluzione, agli strumenti e ai metodi della tattica e della strategia. In Italia abbiamo dovuto attendere Gramsci - lettore di Lenin, anche se totalmente a digiuno di economia - prima che, nell'ambito del socialismo, si capisse l'importanza della *cultura*, per quanto già l'ultimo Engels non avesse mancato di sottolineare, coi suoi testi sullo Stato, la proprietà privata e la famiglia, sulla riforma protestante e la guerra contadina, che qualcosa del "marxismo" del suo geniale collega andava emendato, tant'è che proprio lui fu indotto a sostenere che il primato della struttura sulla sovrastruttura andava considerato tale solo *in ultima istanza*.

D'altra parte lo stesso Marx, alla fine della sua vita, cominciò a capire l'importanza delle formazioni sociali precapitalistiche (in modo particolare l'esperienza della comune agricola russa) e a rivalutare quel periodo storico che poi fu definito col termine di "comunismo primitivo".

84

Ma ormai gli mancavano le forze per approfondire questi temi. La stesura del *Capitale* lo aveva completamente distrutto; più volte Engels l'aveva messo sull'avviso, nelle lettere che gli scriveva, che quell'opera avrebbe minato irreparabilmente la sua salute.

Anche Lenin si rese conto solo alla fine della sua vita di non aver dato sufficiente spazio al lato *umano* della politica rivoluzionaria. Ma non ebbe il tempo sufficiente per porvi rimedio (anche a causa del grave attentato che subì) e la svolta autoritaria s'impose appena dopo pochi anni dalla sua morte. Per poter leggere il suo *Testamento* i comunisti russi han dovuto attendere il 1956: sotto lo stalinismo lo si considerava addirittura inesistente.

Che anche Fusaro non abbia capito l'importanza della *cultura*, come fattore particolarmente condizionante della struttura economica, lo si evince dalla mancata comprensione della motivazione per cui, nel tempo, si è passati dalla schiavitù *diretta* (quella tipica p.es. del periodo greco-romano) a quella *salariata*, che si è imposta proprio sotto il capitalismo. Il passaggio fu determinato non solo da fattori storici e contingenti, ma anche dallo sviluppo del *cristianesimo*. Cosa di cui Fusaro si disinteressa completamente, rischiando di fare un passo indietro persino rispetto a Marx, il quale, pur senza mai approfondirlo, aveva intravisto nel *Capitale* un nesso significativo *tra capitalismo e protestantesimo*. Argomento, questo, che verrà particolarmente sviluppato, ma dal punto di vista borghese, da Max Weber. Il quale, se ben comprese che il calvinismo era la confessione religiosa che meglio si confaceva allo sviluppo del capitalismo, non riuscì però a capire che le prime tracce di capitalismo s'erano sviluppate nell'Italia comunale e signorile, dove la religione dominante era quella cattolico-romana.

D'altra parte Fusaro, tralasciando, nei libri dedicati a Marx, di fare un'analisi sulla dittatura politica e ideologica affermatasi nel cosiddetto "socialismo reale", non arriva neppure a comprendere che una schiavitù salariata non è una prerogativa del solo capitalismo privato, ma anche dello Stato totalitario di marca socialista, in cui il partito-guida, che è un padre e padrone, usa mistificanti motivazioni di tipo *ideologico* con cui estorcere plusvalore alla massa dei lavoratori.

È importante essere convinti di questo, poiché quando si contesta l'Europa delle banche e della finanza - come fa Fusaro con insistenza - e si vuole tornare alla sovranità degli Stati nazionali (che per lui ovviamente dovrebbero diventare di tipo socialista), si rischia di ripetere errori già compiuti. Tutti i giorni, infatti, vediamo che l'idea di Stato nazionale viene progressivamente erosa dalle esigenze del grande capitale, che sempre più ha bisogno di governi e istituti sovranazionali. Sono le esigenze del mercato che lo impongono, proprio per mantenere alti i profitti dei grandi monopoli, industriali e finanziari. Una battaglia contro questi monopoli, i quali per espandersi hanno continuamente bisogno di provocare tensioni e conflitti d'ogni tipo, non può riportarci alla fase dello "Stato nazionale", sia questo di tipo capitalista o socialista.

È dal "sistema" che bisogna uscire, coi suoi meccanismi di mercato e di oppressione istituzionale. E, sotto questo aspetto, bisogna stare attenti a non ripetere gli errori della rivoluzione d'Ottobre e di tutte le rivoluzioni comuniste, dove, pur parlando, teoricamente, di progressiva estinzione dello Stato, si è finiti, temendo continui attacchi militari da parte dei nemici storici, col rafforzare all'inverosimile proprio le istituzioni statali, facendole, ad un certo punto, implodere. È stata una grande illusione pensare di eliminare le leggi del mercato usando la forza di uno Stato autoritario. Questo è un compito che va lasciato alla *popolazione civile*, messa in grado di usare liberamente la propria volontà. Anche se, ovviamente, non può essere considerata sbagliata l'idea di usare le leve dello Stato per affrontare l'eventuale controrivoluzione.

Conclusione

Il *valore* di una qualunque cosa dovrebbe essere determinato dal *bisogno* ch'essa soddisfa. Più il bisogno è grande e più valore ha la cosa che lo soddisfa.

Quindi i bisogni più importanti possono essere determinati solo dalla *collettività* e, in seno a questa, dalle menti più illuminate o più vicine alle reali esigenze della collettività.

Perché la comunità possa decidere quali bisogni sono più importanti di altri, dovrebbe agire in piena *autonomia*. Dovrebbe anzitutto poter produrre ciò di cui ha bisogno.

In assenza di questa autonomia materiale, che è il presupposto per qualunque altra autonomia, non c'è alcun modo di sviluppare i bisogni di tipo extra-economico, cioè i bisogni culturali, etici, spirituali.

Il valore di una qualunque cosa, sia essa materiale o immateriale, può essere determinato in maniera sufficientemente esatta solo dall'uso che una determinata collettività, sulla base dei propri bisogni, materiali e immateriali, ne fa.

Nessuno può decidere per altri. Solo la collettività può stabilire che un determinato prodotto è anzitutto un bene per tutti e non solo per chi lo produce.

Un bene può addirittura essere prodotto senza il corrispettivo utile personale immediato. Ciò che si produce può tornare utile indirettamente, in quanto il produttore fa parte di un collettivo, all'interno del quale esistono individui che possono produrre oggetti aventi lo stesso scopo: si produce non tanto per sé, direttamente o immediatamente, quanto per gli altri.

Se ognuno si comportasse così nessuno vivrebbe nel bisogno. Il bisogno verrebbe soddisfatto dalla cooperazione.

Questa era la prassi del socialismo utopistico, che è fallita perché senza rivoluzione politica non è possibile alcun socialismo nell'ambito del capitalismo.

"Rivoluzione politica" sostanzialmente significa che a governare non ci può essere una minoranza o un ceto di privilegiati o una classe sociale che è forte solo perché detiene i mezzi produttivi, ma che sul piano numerico è irrisoria, è debolissima.

A governare ci deve essere il *popolo*, cioè quella parte di cittadini che vive del proprio lavoro, senza sfruttare quello altrui.

*

Se si scegliesse la strada della produzione per il *consumo* e non per il mercato, tutta l'economia politica diverrebbe di colpo inutile, e con essa il socialismo scientifico.

Il marxismo infatti ha dimostrato che il capitalismo è intrinsecamente ingiusto e che, per questo, non ha futuro, e la variante più importante del marxismo, il leninismo, ha anche mostrato il modo come superare il capitalismo in direzione del socialismo.

Tuttavia gli errori compiuti in un senso -l'analisi economica- e nell'altro - la rivoluzione politica - oggi devono farci riflettere. Oggi abbiamo capito che non ha senso perdere tempo nel dimostrare le contraddizioni del capitalismo: sono sotto gli occhi di tutti. E non ha nemmeno senso operare delle rivoluzioni che non mettono in discussione i presupposti anche tecnologici e soprattutto scientifici su cui si basa il capitalismo.

Il capitalismo non va superato solo perché crea una divisione tra capitale e lavoro, ma anche perché *distrugge l'ambiente*, ha un rapporto devastante nei confronti della natura, è supportato dai concetti di "progresso" e di "produttività" che sono deleteri per i rapporti interumani e per i rapporti dell'uomo con la natura.

Il socialismo non deve porsi il compito di dimostrare d'essere migliore del capitalismo usando gli stessi mezzi. Anche perché, per riuscire in questo tentativo, è costretto ad accentuare aspetti che neppure sotto il capitalismo sono presenti, come p.es. l'ideologia di stato o l'identificazione di Stato e partito.

Il socialismo deve essere democratico e per poterlo essere non bastano le soluzioni politiche, occorrono anche quelle *umane*, e la prima soluzione umana che va presa in considerazione è quella di garantire la *libertà di coscienza*, che si traduce nella libertà di pensiero, di parola, di associazione...

Raramente ci si rende conto che non c'è modo di garantire tale libertà se prima non si mette l'uomo in condizioni di poterla gestire. Tali condizioni sono l'*autonomia* nella gestione di una vita basata su un collettivo.

La vita sociale non può essere eterodiretta da forze estranee. I collettivi (di vita e di lavoro) devono potersi *autogestire*. In altre parole la produzione dei beni utili alla sopravvivenza va lasciata in gestione autonoma ai collettivi.

Lo scambio dei prodotti deve diventare un'espressione della *spontaneità* dei collettivi, non può essere regolamentato da forze esterne, siano esse economiche (i monopoli, le borse, gli istituti finanziari), o politiche (lo Stato, i partiti, i sindacati).

È ovvio che se tra i collettivi domina la spontaneità dello scambio, solo il *surplus* o il bene che, tra quelli ritenuti indispensabili, non si riesce a produrre in maniera sufficiente, sarà oggetto di scambio. Questo dovrebbe essere il vero senso del mercato.

L'uomo è un ente di natura e, come tale, esso non può usare la propria intelligenza contro le esigenze della natura, in quanto questa rappresenta il confine (epistemologico) entro cui la sua libertà può muoversi.

La natura provvede ai bisogni dell'uomo, ma per soddisfare questi bisogni in maniera naturale l'uomo deve usare gli strumenti che salvaguardano l'integrità della natura stessa, ovvero quelli che le permettono facilmente di riprodursi, poiché la "riproduzione" è in assoluto il momento più importante della "produzione".

Se la produzione meccanica, tipica della rivoluzione industriale, impedisce la riproduzione naturale, le conseguenze di questa anomalia si faranno prima o poi sentire, poiché la natura tende sempre a riprendersi ciò che le appartiene; e a tali conseguenze non si riuscirà a porre rimedio proponendo soluzioni di riproduzione artificiale. Quest'ultima infatti non fa che allargare il fossato che ci separa da un'esistenza a misura d'uomo.

Bibliografia su Lulu

www.lulu.com/spotlight/galarico

- Cinico Engels. Oltre l'Anti-Dühring
- Amo Giovanni. Il vangelo ritrovato
- Pescatori di uomini. Le mistificazioni nel vangelo di Marco
- Contro Luca. Moralismo e opportunismo nel terzo vangelo
- Arte da amare
- Letterati italiani
- Letterati stranieri
- Pagine di letteratura
- L'impossibile Nietzsche
- In principio era il due
- Da Cartesio a Rousseau
- Le teorie economiche di Giuseppe Mazzini
- Rousseau e l'arcantropia
- Esegeti di Marx
- Maledetto capitale
- Marx economista
- Il meglio di Marx
- Io, Gorbaciov e la Cina (pubblicato dalla Diderotiana)
- Il grande Lenin
- Società ecologica e democrazia diretta
- Stato di diritto e ideologia della violenza
- Democrazia socialista e terzomondiale
- La dittatura della democrazia. Come uscire dal sistema
- Etica ed economia. Per una teoria dell'umanesimo laico
- Preve disincantato
- Che cos'è la coscienza? Pagine di diario
- Che cos'è la verità? Pagine di diario
- Scienza e Natura. Per un'apologia della materia
- Siae contro Homolaicus
- Sesso e amore
- Linguaggio e comunicazione
- Homo primitivus. Le ultime tracce di socialismo
- Psicologia generale
- La colpa originaria. Analisi della caduta
- Critica laica
- Cristianesimo medievale
- Il Trattato di Wittgenstein

- Laicismo medievale
- Le ragioni della laicità
- Diritto laico
- Ideologia della Chiesa latina
- Esegesi laica
- Per una riforma della scuola
- Interviste e Dialoghi
- L'Apocalisse di Giovanni
- Spazio e Tempo
- I miti rovesciati
- Pazìnzia e distèin in Walter Galli
- Zetesis. Dalle conoscenze e abilità alle competenze nella didattica della storia
- La rivoluzione inglese
- Cenni di storiografia
- Dialogo a distanza sui massimi sistemi
- Scoperta e conquista dell'America
- Il potere dei senzadio. Rivoluzione francese e questione religiosa
- Dante laico e cattolico
- Grido ad Manghinot. Politica e Turismo a Riccione (1859-1967)
- Ombra delle cose future. Esegesi laica delle lettere paoline
- Umano e Politico. Biografia demistificata del Cristo
- Le diatribe del Cristo. Veri e falsi problemi nei vangeli
- Ateo e sovversivo. I lati oscuri della mistificazione cristologica
- Risorto o Scomparso? Dal giudizio di fatto a quello di valore
- Cristianesimo primitivo. Dalle origini alla svolta costantiniana
- Le parabole degli operai. Il cristianesimo come socialismo a metà
- I malati dei vangeli. Saggio romanzato di psicopolitica
- Gli apostoli traditori. Sviluppi del Cristo impolitico
- Grammatica e Scrittura. Dalle astrazioni dei manuali scolastici alla scrittura creativa
- La svolta di Giotto. La nascita borghese dell'arte moderna
- Poesie: Nato vecchio; La fine; Prof e Stud; Natura; Poesie in strada; Esistenza in vita; Un amore sognato

Indice

AmazoN.com Services LL

"New"
_____

$ 10.93
    PRiME

$ 0.66

. ord: 6/1/21

- rec: 6/2/21 !!

_____

$ 11.59

Made in the USA
Middletown, DE
01 June 2021